总顾问：王明哲
总主编：张　量

历史不能忘记系列

九一八事变

唐晓辉◎著

中国民主法制出版社
2015年·北京

图书在版编目（CIP）数据

九一八事变/唐晓辉著．—2版．—北京：中国民主法制出版社，2015.7

（历史不能忘记系列/张量主编）

ISBN 978-7-5162-0945-5

Ⅰ．①九…　Ⅱ．①唐…　Ⅲ．①九·一八事变—青少年读物　Ⅳ．①K264.209

中国版本图书馆CIP数据核字（2015）第180491号

历史不能忘记系列
张量　主编

图书出品人：刘海涛
出版统筹：赵卜慧
责任编辑：吕发成　胡百涛

书名/九一八事变
作者/唐晓辉　著

出版·发行/中国民主法制出版社
地址/北京市丰台区玉林里7号（100069）
电话/63055259（总编室）　63057714（发行部）
传真/63056975　63056983
http://www.npcpub.com
E-mail:mzfz@npcpub.com
经销/新华书店
开本/32开　880毫米×1230毫米
印张/6　**字数**/118千字
版本/2023年3月第2次印刷
印刷/涿州市荣升新创印刷有限公司

书号/ISBN 978-7-5162-0945-5
定价/49.80元

修订版序

中国出版集团旗下中国民主法制出版社，将在中国人民抗日战争暨世界反法西斯战争胜利70周年之际，修订再版“历史不能忘记”系列丛书，我感到非常高兴。当年我参加组织编写了这套丛书，得到了社会的认可。在老一辈无产阶级革命家杨成武同志为第一版作序后，由我为再版作序。虽然水平有限，然出版社坚持，也只好尽力而为了。

1993年以后，日本国内的右翼势力开始猖獗，日本政局也开始出现右倾化的动向，不时上演参拜靖国神社、篡改历史教科书、否定南京大屠杀，为日本侵华战争涂脂抹粉，企图推卸战争责任的闹剧。前事不忘，后事之师。要让中国人民和世界人民永远牢记这段历史，尤其要让青少年从小就了解、记住这段历史。在我国国内，虽然抗日战争方面的图书资料很多，却难见一套比较系统地对青少年进行抗日战争方面的爱国主义教育的丛书。1998年初，中国民主法制出版社的编辑赵卜慧等同志策划了“历史不能忘记”系列丛书。受出版社邀请，我组织时任中国社会科学院近代史研究所所长、《抗日战争研究》杂志主编、中国抗日战争史学会副会长张海鹏，中国第二历史档案馆馆长、中国抗日战争史学会理事周忠信，中国人民大学中共党史系主任、博士生导师陈明显，中国人民抗日战争纪念馆编研部主任、中国抗日战争史学会常务理事、研究员张量和中国人民解放军军事医学科学院研究员、细菌学专家郭成周以及对抗日战争史有深入研究的专家学者，精心编写了这套丛书。这套丛书收录了大量的史料和图片，有些是首次公之于众的，揭露了日本侵略中国所犯下的滔天罪行，如南京大屠杀、日军细菌部队罪行等；讴歌了中国人民浴血奋战，与日本侵略者血战到底的气壮山河、可歌可泣的民族精神，如八一三淞沪会战、台儿庄战役、百团大战等。该丛书第一版推出 12 本，于 1999 年 9 月出版。丛书出版后在读者中引起了很好的反响，当年就名列共青团中央“中国新世纪读书计划第 7 期新书推荐榜”，并被列为上海市中小学生图书馆必备书目，荣获第 9 届上海市中小学生优秀课外读物三等奖。

近几年，日本政府在右倾化的道路上越走越远，尤其是安倍上台以后，不但矢口否认历史，而且否认对侵略历史表示歉意的“村山谈话”，挑起诸多事端，解禁集体自卫权，对外出售武器，动摇日本战后和平宪法的根基，加快日本军国主义的复活，引起世界各国尤其是曾经遭受日本军国主义铁蹄蹂躏的亚洲邻国的高度警惕。

为了铭记历史、缅怀先烈、珍视和平、警示未来，2014年2月27日，全国人大常委会通过了《全国人民代表大会常务委员会关于确定中国人民抗日战争胜利纪念日的决定》，以法律的形式，将每年9月3日确定为中国人民抗日战争胜利纪念日；2014年4月10日，又通过了《全国人民代表大会常务委员会关于设立南京大屠杀死难者国家公祭日的决定》。今年是中国人民抗日战争暨世界反法西斯战争胜利70周年，我国将在纪念日举行空前盛大的阅兵活动，向世界宣示中国维持战后世界秩序的坚定决心。

在此之际，修订再版“历史不能忘记”系列丛书，充分体现了中国民主法制出版社的担当意识和责任精神。丛书站在新的历史方位，挖掘和整理最新史学研究成果和文献资料，由初版12册增加到22册，内容更加丰富，事实更加清晰，范围更加广阔，尤其是把儿童抗战、文化抗战、台湾抗战、空军抗战、海军抗战等鲜为人知的抗战史料呈现在读者面前。不难看出策划者把这套丛书作为精品工程精心来打造的良苦用心。

2014年7月7日，习近平总书记在纪念全民族抗战爆发77周年仪式上指出，历史是最好的教科书，也是最好的清醒剂。中国人民对战争带来的苦难有着刻骨铭心的记忆，对和平有着孜孜不倦的追求。中国的抗日战场，是世界反法西斯战争的东方主战场，中国抗日战争的胜利，为世界反法西斯战争作出了积极贡献。中国抗日战争的胜利，是中国近代以来第一次取得的反对外来侵略的彻底胜利，一雪百年屈辱历史，它是中华民族由衰败走向振兴的重大转折。

实现民族复兴的中国梦，是每一位中华儿女共同的历史使命。中华民族的伟大复兴、美丽中国梦的实现，许多道理需要让历史告诉未来。中国人民会铭记这段历史，以史为鉴，时刻保持清醒头脑，警惕日本军国主义的死灰复燃，牢记“落后就要挨打，就要受人欺负”的教训，紧密地团结在以习近平为总书记的党中央周围，发奋图强，努力学习和工作，把我们的国家建设得日益繁荣富强，为早日实现中华民族伟大复兴的中国梦而努力奋斗。

中央档案馆原馆长
中国档案学会原理事长
中国抗日战争史学会原副秘书长 王明哲
2015年5月

第一版序

抗日战争，这是个历史性和现实性都很强的话题。

说它具有很强的历史性，那是因为，这场战争的爆发距今毕竟已有62年。时至今日，战争的硝烟早已散尽，在和平共处五项原则的基础上，中日两国正面向未来，致力于建设和平与发展的友好合作伙伴关系。至于有关反映抗日战争的文章和书籍，60多年来则更是难计其数。

说它具有很强的现实性，则是由于：其一，抗日战争毕竟是自1840年鸦片战争以来，帝国主义列强发动的历次侵华战争中最残酷的一场战争，也是中国人民反抗外来侵略最坚决并最终取得全面胜利的一场战争。这场惨绝人寰的侵略战争造成了3500万中国人的伤亡，造成了1000亿美元的直接财产损失，使千百万中国人流离失所。这么一场空前的民族大灾难，无论如何不应该也无法从人们的记忆中抹去。其二，抗日战争虽然早已结束，但它给我们留下许多血的教训：得道多助、失道寡助。尽管有一时的强弱之别，然而玩火者必自焚，正义终将战胜邪恶；贫穷、落后就要挨打，就会受人欺辱，只有国家富足强盛，才能人民安居乐业……所有这些，都将犹如警钟长鸣，时时警示着世人。其三，人总是要有点精神的。中华儿女在这场民族灾难中所表现出来的浴血奋战、不怕牺牲的抗战精神，作为一种极其宝贵的精神财富，无论时间再久远，都将永久地熠熠生辉、光芒四射。在和平的年代里，在社会经济建设中，我们仍然需要弘扬这种宝贵的民族精神。其四，随着时间的推移，抗日战争渐渐成为历史，年青的一代只能从历史书籍、从教科书中去了解这场战争的真相了。也正因为如此，在日本，总有那么一些人不时地挑起事端，他们或在教科书问题上大做文章，或在日军侵华史实上黑白颠倒，企图篡改历史，误导后人。历史霎时间似乎成了一个任人打扮的小女孩。为此，要不要把这场战争的本来面貌告诉世人特别是年青的一代，显然成了摆在每一个史学工作者面前的现实问题。

有鉴于此，中国民主法制出版社约请了长期从事抗日战争问题研究、占有大量客观资料的专家学者，历时数载，撰写了这套“历史不能忘记”丛书。丛书本着对历史负责，对后人负责的态度，严格尊重史实，凭借事实说话，分《以史为鉴　面向未来》《九一八事变》《七七卢沟桥事变》《八一三淞沪会战》《平型关战役》《台儿庄战役》《南京大屠杀》《百团大战》《日军细菌战》《中国空军抗战》《中国海军抗战》《中国抗日远征军》

《抗日英烈民族魂》《华侨支援祖国抗战纪实》《国际友人与抗日战争》《华北抗日》《华东抗日》《华南抗日》《抗战中的延安》共19个分册，全方位多角度、系统客观地披露和介绍了抗日战争的爆发背景以及发动经过、侵华日军在战争中所犯下的滔天罪行、中国军民抗击侵略者的著名战役、献身于抗战的民族英烈等。其中，一些材料和观点尚属首次公开发表。

日本的一位首相曾经说过："我们无论怎样健忘，也不能忘记历史。我们可以学习历史，但不能改变历史。"作为一种民族灾难，抗日战争过后的今天，无论是挑起这场战争的加害国还是遭受侵略的被害国，惟有正视史实，以史为鉴，才能更好地面向未来，防止悲剧再度发生。而再现历史真相又是问题的逻辑前提。我想，这恐怕正是撰写和出版这套丛书的目的所在吧。

作为抗日战争的亲身经历者，我愿意把这套丛书推荐给需要了解和应当了解这段历史的人们。

杨成武

1999年4月4日

目　录

日本侵略势力进入“满蒙”

◎ 日本侵华与“大陆政策”

从公元前210年徐福率3000童男童女为秦始皇求长生不老的灵丹妙药（日本人至今仍筑庙建祠奉徐福为朝拜之对象），到唐代鉴真和尚东渡日本传经送法，中日两国间绵长而深远的友谊就一直被两国人民继承和发展着。即使到了16世纪，中国东南海疆屡遭倭寇骚扰，也未影响两国间传统友邻的关系。只是到了近代，情况才发生了变化，一衣带水的邻邦——日本变成了侵略中华的敌人。

19世纪是世界资本主义迅猛发展的时期，采用资本主义生产方式、推行资本主义制度，成为当时世界不可抗拒的历史潮流。与中国同样面临着民族危机的日本，从1868年起开始了旨在改变社会性质、发展生产力、跟上历史潮流的“明治维新”运动。这场自上而下的改革运动，不仅使日本的社会形态从封建主义过渡到资本主义，而且化解了沦为半殖民地的危机，使日本成为亚洲唯一一个保持领土完整、跻身世界资本主义行列的国家。但是，摆脱了西方列强殖民枷锁后的日本，保留并发展了军事封建性的一面，迅速走上了对外侵略、扩张的道路。

日本明治政府从其诞生之日起，就把侵略扩张定为最高国策，确定了一个在东亚树立霸权、以朝鲜和中国为主要侵略目标的“大陆政策”，声称：“第一期征服台湾，第二期征服朝鲜，既皆实现，惟第三期之灭亡满蒙，以及征服中国全土，使异服之南洋及亚细亚全带无不畏我服我。”1868 年明治天皇发表《天皇御笔信》宣布，要“继承列祖列宗之伟业”，“开拓万里波涛，布国威于四方”，表明了以武力征服世界的狂妄野心。“大陆政策”成为日本制定一切具体侵略政策的最高原则，而后日本对中国及世界其他国家的侵略也无不体现了这一原则。

1889 年底，大军阀山县有朋组阁，担任日本首相。翌年 3 月，他向明治天皇提出：“国家独立自卫之道，一是捍卫主权线，一是保护利益线。何谓‘主权线’，国家之疆域是也。何谓‘利益线’，即同我主权线安全紧密相关之区域是也。”极力鼓吹“保护利益线”，推动日本军国主义的扩军备战活动，使对外扩张侵略的“大陆政策”发展到了一个新阶段。

▲日本大陆政策的制定者山县有朋

从 19 世纪 70 年代起，日本统治集团就开始实践其“大陆政策”。先是擅自宣布与清朝有宗藩关系的琉球国为其“内藩”，继而入侵中国台湾、征略朝鲜，取得了向朝鲜派兵的特权。1894 年，日本在做了充分准备之后，终于把侵略的魔爪伸向了中国，挑起“甲午战争”，覆灭中国北洋海军，迫使腐败无能的清政府与其签订了丧权辱国的《马关条约》，攫取了对朝鲜的宗主权，割占了中国领土台湾岛和澎湖列岛，勒索了巨额赔款，占领了广大的中国市场。奉行“大陆政策”的日本政府完成了其侵略计划的头两期目标，即征服台湾和朝鲜。

甲午战争使日本一跃而为亚洲的强国，挤进了帝国主义的行列，也极大地助长了其军国主义的恶性发展。19 世纪末，帝国主义列强掀起了瓜分中国的狂潮，日本攫取了中国福建省为其势力范围。1900 年，日本又出兵 2.2 万余人，以当时出动兵力最多的国家，同德、法、俄、英、美、意、奥等国组成八国联军，侵略中国，镇压义和团运动。

由于俄、德、法三国的干涉，日本未能在甲午战争后将辽东半岛攫为己有，遂与沙俄结下宿怨。1904 年 2 月 8 日，耿耿于怀的日本终于不宣而战，在中国东北发动了日俄战争。结果沙俄大败，以《朴次茅斯条约》为信，承认日本在朝鲜的独占利益，将旅顺口、大连及附近的领土和领海的租借权，以及与之相关的一切权利、特权和财产全部转让给日本。随后，在不久的几年内，日、俄又三次签订密约，互相承认对方在中国东北、内蒙古的侵略利益。从此，日本的侵略势力渗透到了中国东北。

1914 年，第一次世界大战爆发，日本利用西方列强无暇东顾之机，欲逞其独霸中国的野心，首先出兵山东，继而又厚颜无耻地向袁世凯政府提出灭亡中国的“二十一条”，激起全国人民的愤怒和抵制。日本政府不得不改变侵略策略，采取了以经济侵略为主的政策，特别是加强了对中国东北地区的经济扩张活动。

20 世纪 20 年代后期，日本国内发生了空前严重的金融危机，急于摆脱困境的日本政府决定对中国采取强硬政策。1927

年4月，日本陆军大将、政友会总裁田中义一出任总理兼外相，组成了新内阁。同年6月27日至7月7日，在东京首相官邸召开了以制定新的对华政策为目的的“东方会议”，出台了一项《对华政策纲要》，其核心内容便是加强对中国东北和内蒙古的控制与掠夺。

“东方会议”的召开，表明日本政府在坚定不移地推行“大陆政策”方面又步入了一个新的、最为疯狂的阶段。随后不久爆发的九一八事变就是明证。

◎ 日本在中国东北设置的侵略机构

1931年九一八事变前，中国东北地区是指黑龙江、吉林、辽宁、热河四省，其东部和北部为黑龙江、乌苏里江，与沙俄交界，东南部隔鸭绿江、图们江与朝鲜为邻，南濒渤海、黄海，与日本隔海相望，总面积130余万平方公里。日本帝国主义又称其为“满洲”。

自古以来，东北地区就属于中国。远在旧石器时代，中华民族的祖先就生活在这片土地肥沃、物产丰饶、资源雄厚的广袤土地上。自先秦至西汉，东北一些地区就已纳入中国版图。唐太宗李世民统一中国后，在东北地区设立了行政机构，由中央直接管辖。自此以后，历代王朝都在这里建立官署，行使统治权。但是，自1840年欧美资本主义列强以坚船利炮轰开了清王朝大门，中国陷入半殖民地半封建社会的深渊后，无论边疆、内地，人民都遭尽了列强的凌辱与蹂躏，东北地区亦无例外。最早伸向东北的侵略势力是沙皇俄国。从19世纪中叶开始，沙俄就以各种手段强占了中国黑龙江以北、乌苏里江以东的大片领土，攫取了许多特权。日俄战争后，日本从沙俄手中夺得了它在东北的众多利益，继承了沙俄的侵略衣钵，在这片富饶的土地上肆虐着……

汉、满、蒙、回、朝鲜、达斡尔、鄂温克、鄂伦春、锡伯、赫哲等民族一直生活在东北这片美丽而富饶的黑土地上，他们与全国人民一起构成了中华民族大家庭。其中满族的祖先兴于白山黑水之间，在先秦时称肃慎，辽以后又称女真，以打猎、农业为生。1635 年，清太宗皇太极改女真为满洲，辛亥革命后通称“满族”。由此可知，“满洲”不是地区，而是民族的称谓。很显然，居心叵测的日本帝国主义将东北称作“满洲”，将东北与内蒙古东部地区叫作“满蒙”，是别有用心的。

而以“关东”谓东北则可上溯至周末秦汉之际，那时将函谷关以东的诸侯称为“关东”诸侯。后来也因东北地处山海关以东而笼统称之为“关东”。日俄战争后，日本把攫得的辽东半岛租借地改称“关东州租借地”，并将之划分为大连、旅顺、金州三个行政区，设官建制，进行名副其实的殖民统治。旅顺、大连地区也因此成为日本侵略东北，并与沙俄抗争的桥头堡和军事、能源基地。

从 1906 年开始，日本为了巩固其既得利益和进一步独霸东北，在中国东北相继建立了一些侵略机构，在政治、军事、外交、经济和思想文化等方面互相配合，进行各种侵略活动。其中主要有关东厅、关东军司令部、领事馆和南满洲铁道株式会社（简称“满铁”）等。

1906 年 6 月 7 日，根据日本天皇第 142 号敕令，“南满洲铁道株式会社”成立，负责经营中国东北地区的铁路运输业。11 月 26 日“满铁”正式成立，1907 年 4 月 1 日正式营业。正如“满铁”第一任总裁后藤新平所说，设立“满铁”，并非

“把满铁看成为一个营利的铁路事业，而欲使之成为帝国殖民政策或我帝国发展的先锋队”。1907 年“满铁”成立了庞大的情报机构——“满铁调查部”，专门搜集中国政治、经济、军事等情报，为日本决策机构制定侵华尤其是侵略中国东北的政策提供依据。因此，“满铁”不仅是日本的一条贪婪地吸吮东北人民血汗的吸血管，而且是其在中国兼有政治、经济、文化、情报等多种职能的综合性侵略机构。

关东厅的前身是关东都督府，关东都督府的前身是关东总督府。关东总督府是根据 1905 年 9 月 26 日日本颁布的《关东总督府勤务令》成立的。1906 年 8 月 1 日，日本政府以第 196 号敕令公布《关东都督府官制》，成立关东都督府，撤销关东总督府。1919 年 4 月 12 日，日本政府以第 94 号敕令公布《关东厅官制》，成立关东厅取代关东都督府，其职能是“管辖关东州及南满洲的铁道线路警务”和“监督南满洲铁道株式会社事务”。但实际上它是日本政府在中国东北设立的殖民政权机构，尽管名目频繁更迭，其侵略本质丝毫也没有变化。

1906 年，日本政府在奉天（今沈阳）设立了第一个总领事馆，随后又在安东、吉林、长春、齐齐哈尔、铁岭、辽阳等地设立了领事馆或领事分馆。这些大大小小的领事馆同“满铁”、关东厅一样，成为日本帝国主义对中国东北进行侵略的一个个桥头堡。

1907 年，日本在中国东北驻扎一个步兵师团和六个铁道守备队的兵力，隶属关东都督府陆军部。这是早期的关东军。1919 年 4 月，日本将关东都督府改为关东厅时，将原关东都督府陆军部升级为“关东军司令部”，实行所谓军政分治。从此，关东军正式命名。

▲关东军司令部旧址

日本关东军主力为陆军步兵师团。因各师团均有留守部队在国内，故其编制略小于日本国内常设师团。关东军每师团编步兵旅团两个，骑兵联队、野炮兵联队、工兵联队、通信队、辎重队各一个，定额为10583人。到九一八事变前，关东军兵力增至2万人。

关东军以其在中国东北的特殊地位和条件，充当了日本武力侵占东北的急先锋。虽然日本《关东军司令部条例》规定：“关东军司令官以陆军大将或陆军中将任之，直隶于天皇，统帅关东州及南满洲陆军诸部，担任关东州之防务及南满洲铁路线路之保护事宜”，但这只是冠冕堂皇的条文而已。从其所作所为的事实来看，可以说，关东军是日本军国主义解决“满蒙悬案”问题的主要侵略工具，是日本“大陆政策”的有力执行者。从发动九一八事变，武力占领全东北，拼凑伪满政权，到强占热河，入侵华北，制造事件，进攻苏联，乃至建立细菌部队，实施惨绝人寰的细菌实验和细菌战，日本关东军对中国人民犯下了罄竹难书的滔天罪行。

日本在中国东北设置的这些既有分工又相互配合的侵略机

构，把侵略的触角伸向了政治、经济、文化等方面的各个角落，编织了一张无形的殖民统治网，为日本帝国主义侵占中国东北发挥了极为重要的作用。

◎ 日本关东军巨头

在日本关东军制造九一八事变，侵占中国东北全境的过程中，关东军司令本庄繁、高级参谋板垣征四郎、参谋石原莞尔成为主要的策划者和发动者。

被称为“侵略中国的急先锋”的本庄繁是制造九一八事变的罪魁祸首。1876 年 5 月 4 日，本庄繁生于日本兵库县。1897 年毕业于日本陆军士官学校，与荒木贞夫、真崎甚三郎、阿部信行、松井石根等被称为陆军士官学校九期的五员大将。他曾以中尉身分参加日俄战争。在陆军大学读书期间，他结识了土肥原贤二、板垣征四郎，并与之结为兄弟。毕业后，历任日本参谋本部中国班员、“满蒙班”班长、中国课课长等职，对中国东北和内蒙古情况渐至熟悉。清朝末年，本庄繁以驻华使馆副官身份活动于北京、天津、上海、汉口、南京等地，专门研究中国问题，并在 1921—1923 年被东北实力派人物、奉系军阀领袖张作霖聘为军事顾问。本庄繁也因此成为熟悉中国内情的“中国通”，为日后侵华打下了基础。

1931 年 8 月 1 日，日本参谋本部任命多年来在中国活动的“中国通”本庄繁为关东军司令官。本庄繁在东京接受任命后，带着天皇布下的秘密使命，立即奔赴旅顺，就任关东军司令，与结拜兄弟板垣征四郎、土肥原贤二等一道秘密策划武装冲突，企图一举侵占中国东北。九一八事变为日本侵华揭开了序幕。

被远东国际军事法庭宣布为甲级战犯并判处绞刑的板垣征四郎，是一个双手沾满中国人民鲜血的罪犯。他在策划九一八事变、制造伪满洲国傀儡政权的阴谋中扮演了主要角色。1885年1月21日，板垣出生于日本岩手县岩手町沼宫内。自幼年时起，板垣就梦想“长大之后当大将”，青年时代则“怀着到中国大陆去活动的梦想”，与同在陆军大学读书、怀有同样梦想的冈村宁次、土肥原贤二、矶谷等组成“对处理满洲事变作出了很大成绩”的“一夕会”，后虽解散，但“四将军并没有失落了对大陆的热情和向大陆扩张的志向”，毕业后被相继派往中国，为日本军国主义侵略中国效力。

1916年板垣从日本陆军大学毕业，1917年在参谋本部任职，驻昆明、汉口，踏上了实现其梦想的中国领土。自幼在“武士道”思想灌输和培育下的板垣，把侵略东北视为当然，竟赤裸裸地叫嚷：“满蒙”对日本帝国的“国防和国民的经济生活有很深的特殊关系”，侵略中国的东北和蒙古“是当前的急务”。“我敢于毫无顾忌地公然向世界宣布，这是（日本）帝国的现实问题。”1922年，板垣到参谋本部中国课任职，专门从事侵略中国活动。1929年被调任关东军高级参谋，与本庄繁、石原莞尔等沆瀣一气，秘密策划武装侵占中国东北的阴谋。

▲板垣征四郎

策划九一八事变的另一重要人物石原莞尔，他虽以一名普通的、名不见经传的中佐级军官起家，但却是一个颇有“思想”的人物。1889 年 1 月 18 日，石原莞尔出生在日本山形县鹤冈市的一个书香门第之家，自幼接受军事教育，相继入陆军士官学校、陆军大学读书。毕业时，学校对他的评语是“石原的头脑是陆大创办以来最优秀的”，而称其人为“粗野且不在乎”。石原把他所接受的日本军国主义教育及留学德国所吸收的欧洲军事思想，与佛教的信仰结合在一起，以一系列的著文和计划，提出了所谓的“石原构想”。

石原认为，发源于中亚的两支人类文明，发展至今形成隔着太平洋而互相对峙的局面，它们将要通过战争走向统一，从而创造出最后最高的文明。而这场战争将是以日美为中心的真正世界大战。这个“世界最终战论”的实现是以战争为手段的，而这场战争将“首先是持久战争，然后是决战战争”，因而对“满蒙”的占有则是持久战中的重要一环，“满蒙”的战略地位与经济价值是日本走向世界帝国途中所必不可少的。

“石原构想”的最终目标就是日本要用武力征服世界，而其第一步计划则是占领“满蒙”。1928 年 10 月，石原莞尔调任关东军参谋和作战主任后，为了实践其理论和主张，与旧识关东军高级参谋板垣征四郎合作，策动了九一八事变。时有“石原理论、板垣实力”的说法，充分说明石原在关东军发动的九一八事变中的地位和作用。

▲石原莞尔

日本侵华“图谋”——“东方会议”

1927 年初，日本国内爆发了全国性的金融危机，日本经济受到猛烈的冲击。工潮、农潮、学潮延绵不断，国内政局动荡不安。4 月下旬，枢密院趁机发动政变，推翻了若木规内阁，由政友会总裁、陆军大将田中义一出任首相兼外相，执掌日本政权。田中内阁旨在改变前任外相币原喜重郎的所谓“软弱外交”，对华实行强硬外交。刚刚组阁的田中义一曾对奉系军阀领袖张作霖的日本首席顾问町野武马说，这次他出来组阁，“主要是想解决中国问题，亦即处理满洲的问题。满洲是日本的生命线，如果保持满洲的现状，国内会有许多的意见，我无法应付下去。也许将爆发战争，但我不希望有战争。不过不得已时，恐怕只能打了”。明确地表达了对华政策的基调，即积极干涉中国内政，以武力侵占中国东北。这也最终成了在随后六七月间田中组织召开的一次有军事、外交主要头目参加的、被称为“东方会议”的核心内容。

田中义一是日本长州军阀嫡系继承人，是日本昭和时期军阀当政的第一人，在制定侵华政策、推进对华侵略方面，以他为首的内阁起到了至关重要的作用。田中于 1863 年 6 月 22 日出生在日本长州藩荻，不足 7 岁即入冈田谦造家塾接受汉学启蒙。1883 年考入陆军士官学校，1889 年进入陆军大学学习，毕业后加入陆军。1894 年田中在参加侵略中国的甲午战争中，因编制的《作战动员计划》被军部采纳，受到上司赏识而被晋升为上尉，并跻身陆军参谋本部。1904 年在日俄战争中出任侵略中国东北的满洲军参谋，以后则致力于加强军队建设。第一次世界大战期间，田中以“中国通”的军人身份活动于中国的东北和上海等地，与军阀段祺瑞、张作霖等勾结，扩张日本在华势力，并结交了以后在他担任首相期间成为其得力助手的久原房之助、山本条太郎和森恪等。归国后写成《对中国经营之我见》，对控制中国经济命脉野心勃勃。1918 年后晋升为大将，受封男爵，两次出任陆军大臣，位至政友会总裁。

田中的侵华野心由来已久。早在 1913 年他就在《滞满所感》一文中鼓吹，日本应“伸张国运”，由岛国发展成为“大陆国家”，使满洲成为日本移民“永住之地”，“开发满蒙宝藏”，修筑铁路，实现以“日本海为中心之国策”。所以，田中在上台第三天就在向国内外发表的新一届内阁的施政纲领中指出，目前“对我国及远东直接迫切的重大问题是中国的局势”，日本“对中国国民的正当要求深表同情，尤其考虑国内外形势，为实现其要求，将不惜予以相当援助”。明目张胆地表示将不惜采取任何手段干涉中国内政。还声称：“如中国发生共产党的活动，无论其结果如何，作为直接最受影响的我国立场以及对保持东亚全局负有重大责任感的日本，对此绝无不予关心之理。”毫不掩饰地表明了田中内阁坚决反共的立场，并准备扮演“亚洲宪兵”的角色。很显然，田中内阁的对华政策将一改前任外相币原喜重郎的所谓“软弱外交”，实施其“积极”的、强硬的外交政策。

1924 年 6 月至 1927 年 4 月，币原喜重郎担任日本外相，鉴于当时的国际形势和日本的实力，他提出实行“协调外交”，即对美、英奉行适应华盛顿体系的方针，不与之发生对抗，采取协调办法；对中国则以“尊重门户开放”“尊重保全中国之主权与领土”为旗号，实行以经济侵略为主，避免直接出兵等“蛮横粗暴的方式”，贯彻“对中国之内乱严守不干涉主义”的方针，力图通过在中国军阀中寻找代理人来扩大其在华的各项权益。但实际上，在日本权益受到损害的“关键”时刻，币原外交仍主张不辞以武力干涉，此乃帝国主义的本性使然。田中自从担任政友会总裁时起，就猛烈抨击币原的“软弱外交”，谴责他对“发生在我帝国特殊地区满洲的动乱”态度“极为冷淡”，批评若木规内阁在对华问题上“毫无措施”“软弱无能”“损害国威”。政友会在田中的领导下，与军部、枢密院沆瀣一气，以“刷新对华外交”相号召，大搞倒阁活动。因此，田中组阁后，制定新的对华方针和新的“满蒙政策”，便成了“刻不容缓的急务”。

1927 年 6 月 13 日，田中急召驻华公使芳泽谦吉和驻上海、天津、沈阳等地总领事等回国开会，研究解决“急务”的谋略。最后议定召开一次有军事、外交头目参加的专门会议，策划新的“满蒙政策”。

1927 年 6 月 27 日至 7 月 7 日，田中首相在日本东京霞之崎外务大臣官邸主持召开了所谓的“东方会议”。参加会议的正式成员主要是外务、陆军、海军等省次官和陆军参谋本部、海军军令部的次长，以及有关的局长和驻华公使、总领事等，共有 22 人。在外务省方面有政务次官森恪、事务次官出渊胜次、欧美局长堀田正昭、亚洲局长木村锐市、通商局长斋藤良卫、情报局长小村欣一、驻华公使芳泽谦吉、驻奉天总领事吉田茂、驻上海总领事矢田七太郎、驻汉口总领事高尾享等，陆军方面有关东军司令官武藤信义、陆军部次官畑英太郎、参谋本部第二部长松井石根、军务局长阿部信行等，海军方面有军令部次长野村吉三郎、海军部次官大角岭生、军务局长左近司等，此外还有大藏省理财局长富田、朝鲜总督府警务局长浅利和关东厅长官儿玉秀雄、满铁总裁山本条太郎等。会议实际主持者是森恪。

▲日本田中（右起第三人）内阁在东京召开东方会议，制定侵华政策。

田中在开幕词中说，因“最近中国的局势极为混乱，因此政府执行对华政策时要慎重考虑。现中国战局一时得到平稳，所以借此机会征求诸君的坦率意见，以供政府参考。同时想得到诸君对政府所执行的政策的充分理解，以便执行统一的彻底的政策，为此召开了这次会议”。由此看来，这次会议的中心议题就是制定对华政策，而且各级要员必须理解和遵行田中内阁从施政伊始就确立的强硬对华政策。他还特别强调，“发布新闻有十分留意小心之必要”，叮咛与会各位“牢记本会之内容以绝对保密”。

会议期间，内阁各省和参谋本部、关东厅纷纷发表关于中国各方面的概说、评论，详尽研究讨论了中国的政局，全面分析了中国的政治、军事、经济的形势，讨论了张作霖与日本"特殊利益"的关系和日本出兵山东等问题。这次会议在侵略中国东北的策略上有两种主张：满铁总裁山本条太郎主张以外交的、经济的手段维护和扩大日本帝国主义在中国东北的权益，即"内科方法"；而外务省政务次官森恪则主张用军事手段，即武力侵占中国东北，被称作"外科方法"。最后田中首相折中两种侵略主张，于7 月7 日以训示方式发布了《对华政策纲领》。

该纲领包括前言和正文的八条内容。前言中称："鉴于日本在远东之特殊地位，对中国本土与满蒙，自当有所区别"，公然地把中国领土分为"中国本土与满蒙"，显系已有把东北从中国肢解出去的野心。在冠冕堂皇的说辞之后，第五条露出了庐山真面目，称："中国常有野心家乘政局不稳猖狂扰乱治安，并可能惹起国际不幸事件。"倘若日本在华权利利益及日侨生命财产受到"不法侵害"，日本"除根据需要采取断然自卫措施予以维护外，别无他法"。对那些听信"谣言"，"狂妄掀起排日、抑制日货之不法活动分子，……固应解除其疑惑，但为维护我之权利，须进而采取适当措施"。这里所谓的"断然自卫措施""适当措施"，不过就是出兵中国、干涉中国内政的代名词而已。《对华政策纲领》还特别强调，"对于满蒙，尤其东三省地区，因与我国防及国民生存有重大利害关系，我国不仅必须予以特殊考虑，且对该地区和平之维持与经济之发展，使之成为内外人士安居之所，作为接壤之邻邦，尤须具有责任感"，"万一动乱波及满蒙，治安紊乱，有侵害我在该地特殊地位、权益之虞时，不论其来自何方，均应加以防护，并须做好准备，为保护内外人士在此地安居、发展，及时采取适当措施”。公然宣布一旦在满蒙问题上出现与其侵略殖民政策相违背的事件，日本就必然采取强硬手段予以镇压。这表明，日本帝国主义入侵“满蒙”乃至中国，已被列入当政者的议事日程，而采取实际行动只是个时间和时机问题了。

为了根本解决“满蒙”问题，会议通过四点决议：(1) 对满蒙问题的根本解决，要与东北的实际统治者张作霖进行合作；(2) 若张作霖由关内败退，则必须采取断然措施，解除其武装，由关东军负责此事，必要时由朝鲜军支援；(3) 关东军与朝鲜军为解除奉军武装做好一切准备；(4) 张作霖的奉军如果败退的话，由日本驻华公使芳泽谦吉发表声明，因日本在东北享有特殊权益，反对并阻止国民政府军进入东北。

东方会议还讨论了对奉系军阀领袖张作霖的处置办法。外务省亚洲局长木村锐市在其《有关中国时局对策考察》报告中指出：“从张作霖的现状来看，他在中国国内的各政治家、各团体、各军人中间已威信扫地，……现在恢复他的政治威望，不过是空想。”如果日本为了保持住在“满蒙”的权益，把张作霖作为唯一的支持对象，“是极为短见的，而且是很不策略的”。为此，“对他不但要绝对不予援助，必要时对他施加以相当压力，亦在所不辞”。主张挑选适当人选代替他。而政务次官森恪和关东军部分人甚至主张坚决踢开张作霖，武力占领东北。最后由于田中首相倾向于继续利用张作霖，才决定予张作霖以“适当的支持”。但是田中的决定并没有能够阻止关东军蓄谋杀害张作霖计划的实施。

东方会议已把分离“满蒙”作为日本的公开国策，从本质上讲，它就是日本帝国主义企图侵吞中国东北、向中国进攻的一次准备和落实的会议。东方会议的策划人之一、政务次官森恪在伪"满洲国"建立后不久，毫不隐讳地说，东方会议的内容，今天可以发表了，其中的要点就是，"满蒙"的主权不仅属于中国，日本也有权参与，"满洲"的治安应由日本维持。策划召开东方会议，主要是为了把"满洲"从中国本土分割出去，搞一个特殊地区，让日本政治势力进入。他还说，由于露骨地把这些说出来，一定会遇到麻烦，所以才给它包上了一层"东方会议"的糖衣。

东方会议之后，1927 年 8 月，由森恪主持在中国大连召开了有芳泽谦吉、吉田茂、儿玉秀雄等人参加的"第二次东方会议"，对东北地区铁路的开发与控制、经济掠夺及所谓"治安"问题进行了具体的策划。会议主张日本应在"满洲"实行强硬手段扩大其"权益"。

东方会议加快了日本帝国主义侵占中国东北，把"满蒙"从中国分离出去的步伐。

九一八的炮声临近了！

九一八事变预演
——皇姑屯炸车案

◎ 张作霖与日本

1928 年 5 月 3 日，日本侵略者为了保住在中国北方的侵略权益，阻止国民政府的北伐军北进东北、华北，在山东省悍然制造了“济南惨案”，它标志着日本政府开始了“东方会议”所制定的对华政策的积极实施与推进。而于一个月之后对奉系军阀领袖张作霖的蓄意谋害，则公然证实了日本侵略者对中国东北的不轨企图，正应了那句“司马昭之心，路人皆知”的古话。

张作霖原是奉天地区（今辽宁省）的一支绿林军的首领，后被清朝政府招抚，遂一路青云直上。中华民国成立后，窃国篡位的大军阀袁世凯慑于张作霖在东北炙手可热的权势，不得不任命他为盛武将军，督理奉天军务兼巡按使。袁世凯病死，黎元洪继任大总统后，任命张作霖为奉天督军兼省长。从此，张作霖成了奉天省最高的统治者。不久，他又利用黑龙江省发生内乱之机，出兵北上，夺得黑省地盘。1918 年 9 月，北京政府任命张作霖为东三省巡阅使。随后，他又以军事压力逼走吉林督军，完全夺得了东北三省军政大权，成为重兵在握、割据一方、傲然一世的“东北王”。

▲张作霖

从1920年起，张作霖在东北坐地称王，开始多次趋兵关内，问鼎中原。在1920年7月爆发的直皖战争中，他同直系军阀联合，挫败了皖系军阀，壮大了自己的军事实力，拓展势力范围至热河、察哈尔、绥远等地。不久，他又与直系军阀反目，于1922年4月发动直奉战争，遭到失败，而后宣布东北自治，自称奉军总司令，与北京直系军阀政府断绝关系。

但意犹未尽的张作霖岂肯轻易认输？他从1922年7月开始进行以提高战斗力为主要内容的督军经武运动，并得到了日本帝国主义的大力支持。据《申报》披露，1922—1923年，日本曾售价值近700万元的军火给张作霖。

1924年9月4日，第二次直奉战争爆发。两个月后，直系惨败，奉系控制了北京政权，张作霖的整军经武运动大见成效。1925年，张作霖的奉军进入势力最强盛的一年。

张作霖与日本的关系，还要上溯至日俄战争（1904—1905年）期间。那时，张作霖在表面上似是“对日俄会战采取旁观态度，暗中却给亲日派响马团体以相当便利”。当时的日本间谍土井市之进少佐的日记就清楚地记载了这样一件事：1905年2月，土井市之进在潜入锦州一带活动时，“打算在奉天开战之前，先在新民府设置搜集报告的中继站，因此派遣翻译中町香橘前往探索。三四天后，中町翻译带来一个身材矮小、风采不扬的中国人。据报告：这位中国人是驻扎在新民府的营官，名叫张作霖，他对日本军抱有非常的好感，今后愿为日本军效力。他又允诺将中町隐藏在他的家里，他家除妻女而外，只有一个两岁的幼儿，适宜于做搜集所。今日因张作霖要直接在大人之前立誓援助日本军，所以要求同行，因而相与偕来云云。我即嘉勉他的好意并予接待，并委托他在新民府庇护中町，让他和中町翻译同行，返回新民府”。

而日本政府决意支持张作霖，则是十年之后的事情。1916年6—9月，原满铁总裁后藤新平来东北“考察”，看到了时任奉天督军兼省长的张作霖在东北的势力发展后，提出：“张作霖在满洲有一种特别之地位，他并无仕途履历，与中央政府也无密切因缘，其心中惟有权势利欲，别无何等知识。且张认为日本在满洲有绝大势力，反对日本于他不利，倾向日本则有益。若利用有如此地位和有如此思想之张作霖，则张氏为满洲专政之王，满蒙之事，日本可为所欲为。”对中国东北这块肥肉垂涎已久的日本政府终于以合理又合法的方式找到了下箸之处，遂从此确定了支持张作霖的政策。

张作霖自然明白日本的支持对于他独霸东北的意义和价值，“他知道要想在东北保持并发展个人的权势，日本是得罪不得的”。所以二者便一拍即合。张作霖早从1913年开始就聘用日本人做顾问，而且几乎事事都有他们插手。曾任其顾问的町野武马就说过：“他（指张作霖）一作决定，就是他的儿子张学良和参谋长杨宇霆劝他，他也不听，而只肯听我的话。因此，对于张作霖束手无策时，不管杨宇霆还是张学良，都来找我。”连张作霖的外交工作人员都说：“张作霖真的把町野当成亲信，每年必定派他去日本三次，联络朝野各派要人，争取日本把他当作忠实‘外藩’，少找他的麻烦，或遇事援之以手。”由此可见，张作霖所聘请的顾问菊池武夫、町野武马、本庄繁、松井七夫、滨面又助等在日本军政界有一定地位的“中国通”，在其内外政策上的影响是如何的深远了。

不唯如此，张作霖依靠日本，还有经济上的因素。他崛起后，由于经济困难，在 1916—1918 年，就以奉天电灯厂、电话局全部资产，奉天省地捐、烟酒税以及本溪湖煤矿公司中国部分资产为担保条件，从日本政府手中获得贷款 500 多万元。而日本也得以贷款为招牌，堂而皇之地对中国东北进行经济侵略和掠夺，逐步向其既定目标前进。

羽翼渐丰的张作霖在第二次直奉战争后，实际上控制了北京政权。1927 年 6 月 18 日，张作霖在北京组织军政府，当上了海陆军大元帅。今非昔比的张作霖明白，要想坐镇北京、称霸全国，仅靠日本并不足以行其大业。遂向英、美等国频送秋波，加紧联系，引进资本，修建打通（打虎山到通辽）、奉海（奉天到海龙）等铁路，引起对东北铁路修建权垂涎已久的日本的强烈不满。其实从 1925 年起，张作霖就对日本政府不断提出的所谓“满蒙悬案”（日本为侵占中国东北和内蒙古东部地区，屡次向中国政府提出的以攫取铁路修筑权和经营权为主的各种所谓“权益”的无理要求。由于这些蛮横无理的强盗要求没有获得完全的满足，日本政府视其为“悬案”，即悬而不决，故有此说法）问题渐生反感，对其采取回避、拖延甚至拒绝的态度。这又如何能够让做惯了主子的日本视而不见，或者坦然而受呢！

▲1927 年 6 月，张作霖就任中华民国陆海军大元帅。

张作霖对日本态度的转变还有另一重原因，那就是怕不仅因此“宝座”难保，而且还要落下一个“卖国贼”的骂名。张作霖的得力干将杨宇霆在谈到同日本达成的修建东北铁路的协定不能公开签订时，曾说：“如果（日本）强使履行手续，势必成为公开的问题，因此，将使国论沸腾，奉天派不能保持其现在的地位，事属必然。”从中亦可窥见张作霖的对日态度。在张作霖离京返奉前，与乘人之危、向其无理要求签署中日合资修筑吉会铁路的日本驻中国公使芳泽谦吉发生冲突，他对芳泽谦吉大吼道：“我这个臭皮囊不要了（“臭皮囊”是张作霖常用的口头语，意指身体性命），也不能做这件叫我子子孙孙抬不起头来的事情。”说罢，愤然离去。这也说明张作霖不愿出卖国家利益，以免遭后人唾骂的心理，以及与日本矛盾公开化的表征。

◎“我杀死了张作霖”

在张作霖于皇姑屯被炸前，日本政府就一而再再而三地逼迫张作霖就铁路修筑、土地商租权、“二五附税”以及在临江设领事馆等问题作出肯定答复。然而，直到1928年5月，就连日本政府原打算预先解决的承包修筑东北五条铁路（敦化至图们、长春至大赉、吉林至五常、延吉至海林、洮南至索伦）的问题也迟迟没有任何进展，更不用说其他了。气急败坏的日本帝国主义终于决定对张作霖下毒手了。

1928年4月，中国国民政府开始第二次北伐，决心统一全国。把中国东北视为其“生命线”的日本担心，随着北伐的深入，它在东北的特殊权益将受到损害。所以，日本内阁采纳了关东军的意见，于1928年5月18日向南京政府和北京政府提出备忘录，声称：“维持满洲之治安最为帝国所重视，如该地区治安受扰乱，或者出现扰乱该地区治安之祸因，当发生此种事态时，帝国政府将极力予以阻止——采取适当而有效的措施。”即不准国民政府军进入东北，如有必要，还将解除张作霖军队的武装。关东军当日就准备出兵锦州，捍卫其“满蒙权益”。但最终从日本陆军部传来的命令却是“终止既定方针”。这对于踌躇满志的关东军来说，不啻为一盆兜头凉水。气焰正盛的关东军只好甩开日本陆军部乃至政府的旨意不顾，去做阴谋暗杀张作霖的准备了。

关东军司令村冈长太郎、高级参谋河本大作对于解除奉军武装、干掉张作霖的主张一直耿耿于怀。河本大作尤为坚定，他认为：“除此之外，没有解决满洲问题的第二条道路。只要干掉张作霖就行。”在他的影响和鼓动下，在关东军的领导层中形成了统一认识。而且主张，要杀张作霖，“并不必动用在满的日军兵力，用谋略应该就可以达到这个目的”。于是一场谋划暗杀张作霖的计划就悄悄地在关东军高级领导层中展开了。

起初，关东军司令村冈派参谋竹下义晴潜赴北京，组织刺客刺杀张作霖。河本大作得知后，认为是多此一举。他对竹下说：“万一失败了怎么办？华北方面有没有干这种事的人，实在心存疑虑。万一的时候，不要让军方或国家负任何责任，而由一个人去负一切责任，否则虎视眈眈的列国，一定会乘这个求之不得的机会来胡搞。所以由我来干好了。因此你到华北后，直往北京，仔细侦察张作霖的行动，确知他何月何日坐火车逃到关外，随时告诉我。”于是，本想在北京刺杀张作霖的竹下义晴成了河本大作的秘密侦探。

河本最终选择了炸毁列车的方法来谋杀张作霖。关于爆炸的地点，先是决定在新民府东方巨流河铁桥附近安装爆破装置，但是当着手准备时，却发现该处“奉天军的警备严得不得了。而且，最低限度，得在那里等上一个星期左右。在这样警备森严的状况下，这是办不到的”。“所以，必须另外选择日军活动比较自由的地点。”经过多方考察、研究后，河本大作认为满铁线和京奉线的交叉地点沈阳车站西北的皇姑屯最为安全，因为在那里“满铁线走其上面，京奉线通过它的下面，日本人在那里稍微走动也不怎么奇怪”。

为了避免事发后暴露真相，煞费苦心的河本大作“叮嘱名叫安达隆成的大陆浪人去找中国人。安达知道流氓刘戴明以前曾被张作霖免去部队长的职位而怀恨在心，因此以 2 万元为报酬，要他去找三个游民（都是吗啡惯犯）。刘戴明各先给 50 元，并指示他们说：‘6 月 3 日，在日本人经营的澡堂换好衣服后，深夜到满铁线陆桥附近的日军步哨去听候命令。’”其中一个人发现情况不妙，找机会逃跑了，而真相也就因此在事后曝光。另外两个人则带着日本人交给他们的三封信（均是伪制。内容都是南方某人给东北某人的，暗示他们在东北尽快起事，如其中一封的内容为："叙玉兄：目前汉口方面已成交，正在装运。各方面当于 6 月 10 日前抵京，东三省方面希速购进，盼告知。愚弟 4 月 20 日"），在沈阳由河本用汽车把他们送到肇事地。到了预定的地点后，关东军独立守备第四中队长东宫铁男大尉为了伪装现场，令他俩抱着早已准备好的炸弹，然后下令刺死这两个人，并把尸体遗弃在肇事地，企图以之混淆视听，迷惑公众，为关东军开脱罪责。

竹下义晴到北京后不久就探知张作霖已决定逃往关外的消息，并得到张回奉天所乘火车的预定行程的密报。河本大作接到报告后，立即与北京、天津、山海关、锦州、新民府等京奉线要地的谍报人员取得联系，令他们严格监视张作霖返回东三省专车通过的地点，并随时向他通报准确的时间。

1928 年 6 月 2 日，河本终于得到确切消息：张作霖将于 3 日凌晨乘专车从北京出发。当晚，河本亲率驻朝鲜日军第二十大队的藤井贞寿工兵中尉在南满、京奉交叉点满铁旱桥桥墩上部放置 30 麻袋炸药，将导火线引到桥南约 500 米处的望棚内，安装好电流引爆装置，并埋伏了一个排的冲锋队。至晚 10 时，一切都安排妥当，专候张作霖的列车到来。

1928 年 6 月 2 日，张作霖发表了"出关通电"，声明休兵息争，率部退出京师。

3 日晨 1 时 15 分，张作霖在清冷的月光中，偕同政府要员并侍从武官及其家人踏上了北归的旅途。20 节的长龙列车把张作霖乘坐的原前清慈禧太后的花车夹在了中间，试图以此来驱散夜的沉闷和惜惜的别离。然而，命运的安排早有了定数。

4日清晨5时30分左右，当张作霖的专列开到皇姑屯附近的京奉线与满铁线交叉的三洞桥时，日本守备队东宫铁男大尉按下了电钮，一声轰然巨响，交接点发生了大爆炸，张作霖的花车及其后面连接的餐车被淹没在高达200多米的黑烟之中。据目击者说：“张作霖那辆包车全部车厢塌下，已不成车形，后边那辆饭车也是一样，还直冒烟，开始起火。再一看南满铁路桥东面桥栏矮铁墙炸得向上竖立起来，洋灰桥墩东面上半截炸去三分之一。”待到下午3时左右，仍有车厢在燃烧着，被炸的桥梁全部崩裂，面目全非。

▲被炸毁的张作霖专列

爆炸发生后，被炸伤的张作霖随即被抬上汽车，驶往沈阳城大南门里的大元帅府。据张作霖的卢夫人回忆，那天当差官急急忙忙跑进来向她报告说：“大元帅被炸受伤，车已开到大门口。”“大家慌作一团，赶快跑出来迎接。汽车从花园门口开了进来，大家把张作霖从车上抬入小楼楼下屋内。他满袖是血，用剪刀把衣服剪开，发现已折断一臂，随即派祉仁承启接来杜医官施行紧急治疗。这时张作霖还能说话，对卢夫人说：‘我受伤太重了，两条腿没了（其实他的腿并没有断），恐怕不行啦！告诉小六子（张学良将军的乳名）以国家为重，好好地干吧！我这臭皮囊不算什么，叫小六子快回沈阳。’说完不久，就瞑目长逝，时间是6 月4 日午前9 时30 分。”

戎马一生的奉系军阀领袖张作霖最终还是在他曾经仰赖过的日本人的手中命归黄泉。

事发后，以田中首相为首的内阁成员们，以及日本的参谋本部都对关东军炸死张作霖这种操之过急的行为不能苟同，组成调查组追究事件的真相。与此同时，国际上对于这个事件也颇为关注。最后，以河本大作受到退伍处分结束了这场纷争。

◎ 张学良潜奉治丧　为国易帜

九一八事变的策划者之一花谷正在他的回忆录中这样评价皇姑屯事件，他说：“河本大作曾经打算乘炸死张作霖的机会占领满洲南部，但失败了。如果那次干得漂亮，后来的满洲事变（指九一八事变）也许在那个时候就发动了。”这段话道出了日本帝国主义企图寻找借口、武力侵占中国东北的险恶用心。而关东军之所以没有达到“乘列车爆炸和张作霖的死亡而引起的社会紊乱之机立即出兵”，“使用武力彻底解决满洲问题”的目的，除了没有得到日本政府及朝野人士的支持和时机不成熟外，还有另一原因，那就是张作霖的长子张学良为父治丧的良苦用心和奉天当局的沉着及守口如瓶。

已经识破日本关东军阴谋的奉天当局因事情来得突然，恐日本关东军另有他谋，对这飞来横祸不敢大意，对张作霖之死封锁消息，采取秘而不宣、密不发丧的对策，对外只说大帅受了轻伤，正在静养，专候张学良的归来。因此沈阳市内一片静谧，秩序如常，没有给日本军警寻衅闹事造成口实。对于这一点，日本人亦有所觉察。当时日本驻奉天总领事林久治郎回忆说："自从 4 日张作霖被炸身死后，中国方面的态度是极端消极的，非常恐惧与日本方面发生冲突，一改其昭和二年（1927年）下半年以来的排日姿态。"在张家宅内，则一面不许亲近日本人的人员进入内宅，一面令其家人所做的一切尽如平常。张作霖的五夫人每日"照样浓妆艳抹，高高兴兴地接待借口慰问而别有用心的'日本太太'们……这些'日本太太'遥望张作霖卧室，灯火通明，'烟霞'阵阵，而五夫人面无戚色，从容应付，都相信张作霖只是受伤"。"并且每日令厨房照常开张作霖的饭，杜医官天天来府假装换药并填写医疗经过、处方等等，以瞒过日本的窥探。"

张作霖在皇姑屯被炸的时候，年仅 27 岁、被外国人称为"少帅"的张学良正以奉军第三、四方面军军团长的身份，在河北邯郸北临洺关车站督师（指挥部设在列车上），与晋军商震部队酣战。虽然得到张作霖被日本人炸死的消息，但由于情况紧急，张学良也只能忍痛留守，未能及时返奉奔丧。因无法以更直接的方式表达自己丧父的哀痛之心，张学良索性剃光满头青发，以示对生父的至哀至痛之情。十天之后，战事渐轻，张学良才得以脱开公务，回奉治丧。

▲张学良

6 月 15 日，张学良身穿灰色士兵服，化装成普通士兵的模样，从滦州出发北上，一路万分小心，谨慎从事，避过日本人的耳目，于6月17日上午抵达奉天（今沈阳）西边门车站，与迎候在那里的属官乘上早已准备好的汽车，驶回帅府。

悲痛欲绝的张学良回到帅府后，将一切安排妥当，于1928年6月21日通电，宣布张作霖因伤逝世的消息。以后在哀挽录、行状内也以此为准，不写真实日期。

由于东北奉天当局和张学良在皇姑屯事件后，沉着冷静，机智应对，措施得当，使日本关东军企图借此生事、武力占领东北的阴谋未能得逞。

为父发丧后的张学良集家仇国恨于一身，对日本帝国主义的憎恨与厌恶之情不言而喻。7月4日，张学良以子继父业的名义正式就任东三省保安总司令。身为奉军的最高统治者，张学良还要在日本帝国主义的虎视眈眈下去面对与南京国民政府的关系及奉军内部矛盾等尖锐问题。几经思量、考虑，"息争御侮"的思想终于促使张学良决定相机与南京国民政府言和，共同抵御外侮，他说："东北地处边陲，日本窥伺已久，如欲抵制外侮，必须国内统一。"

▲张学良和东北大员们在宣布易帜的仪式上

张学良易帜（即废除北洋政府的红、黄、蓝、白、黑五色国旗，改挂国民政府的青天白日旗，以示归顺国民政府）的主张，不惟得到东北人民的拥护，也受到了国民政府的欢迎和积极配合与促进。妄图把中国东北肢解出去的日本帝国主义则千方百计地反对和阻挠东北易帜。7 月18 日，田中义一首相训令日本驻奉天总领事林久治郎警告张学良，要他恪守乃父“保境安民”的方针。如南军（指国民政府的军队）侵入满洲，日本将反击南军，以确保东三省的“治安”。8 月4 日，曾任中国公使多年的林权助以为张作霖吊唁之机，再向张学良“进谏”，威胁说：“不幸倘若东三省蔑视日本的警告，擅挂青天白日旗，日本必具坚固决心，而取自由行动。”参加会谈的日军少将佐藤安之助也公然叫嚣：“贵总司令若背乎田中首相心理，就将发生重大事情。”日本人的威胁根本不能动摇张学良易帜统一的坚定信念，当即声明：“我决心以东三省人民为转移，我不能违逆东三省人民的心愿而有所作为！”

对张学良软硬兼施的日本田中内阁由于皇姑屯事件发生后在国际上的孤立地位，以及张学良的坚强意志和全中国人民对东三省易帜的一致拥护，终于意识到这是一股任何力量都不能逆转的历史潮流，不得不承认东北易帜乃是“中国内政问题”，强加的压力对此无济于事。

1928 年12 月29 日，张学良顾全大局，顺应历史潮流，毅然宣布东北易帜。

然而，对中国东北垂涎已久的日本帝国主义，根本不会放弃自明治维新特别是“东方会议”以来一贯的侵华政策，新的侵略阴谋又在酝酿之中。

日本准备武力占领中国东北

◎ 危机中的蠢蠢欲动

在 1929 年空前的世界经济危机的影响和打击下，原已萧条不振的日本经济几乎遭到灭顶之灾：进出口贸易额下降、农产品价格暴跌、大批工矿企业倒闭……随之而来的就是国民收入锐减、国库空虚、失业人数猛增、社会各种矛盾趋于激化，可谓是危机四伏。

经济危机必然带来政治危机。国内阶级矛盾激化，而朝鲜、台湾殖民地等备受剥削压迫的人民也揭竿而起，不断掀起反日斗争。国内外经济、政治危机交加，使日本统治陷入困境。

日本政府、军部以及在社会上日趋抬头、形成势力的各种法西斯右翼团体，对于日本如何摆脱窘境，都在探讨和制定自己的政策和纲领。危机中不得不作出反应的滨口政府于 1929 年 9 月提出实施“产业合理化”政策，其主要内容是统制企业、提高效率、改善产业金融和使用国货等，大力支持垄断财阀的发展；对外则主张以“和平”手段进行扩张和侵略。而日本军部则积极主张沿着“东方会议”所确定的“满蒙分离政策”走下去，继续加强对中国东北的控制和侵略，把国内危机尽早尽快地向外转移。在实施步骤上，军部内部存在着差异，一种是陆军和社会上法西斯势力叫嚣的“国家改造先行论”，他们主张先推翻国内的“政党政治”，建立“军部内阁”，然后对外实行武力扩张，以摆脱经济危机。另一种则是以石原莞尔为代表的关东军所主张的“确保满蒙先行论”，鼓吹率先使用武力侵占中国东北，增强国家实力，转变日本“国运”。两种侵略理论的鼓吹和叫嚣者都各自按着自己的既定方针做着准备。

法西斯势力猖獗成为日本这次经济危机中政治上的一个明显特征，日本法西斯团体从 1919 年“犹存社”成立开始，到 1932 年已达 1965 个。在此期间最具代表性的军事法西斯团体，是 1930 年以参谋本部俄国班班长桥本欣五郎中佐为首的法西斯少壮派军官结成的“樱会”。其宗旨是“以国家改造为最终目的”，并声称，为此目的在“必要时即便行使武力亦在所不惜”。这种“国家改造先行”的理论指导着他们为由军人建立“以天皇为中心的活泼明朗的国政”而积极筹划着具体、细致的施政纲领。

▲大政辅弼会中央合作会议上的桥本欣五郎（左二）

1931 年初，桥本与社会上的法西斯分子大川周明勾结，策划发动政变。他们准备乘 3 月 20 日的第 59 届日本议会开幕之机，由大川周明策动暴徒示威，陆军第一师团出动，以“维持秩序”的名义包围会场，然后由将级军官硬闯议会，胁迫内阁辞职，拥戴一向主张将“满洲”置于日本统治之下，并对首相宝座颇有野心的陆相宇垣一成组成“军部内阁”。但在事变发生前夕，桥本不慎走漏了风声，大川周明精心组织的 1 万人游行示威、乘机夺权的计划，也因只有几十人参加而宣告破产。以夺取首相之位、实行侵占中国东北策略为目的的宇垣一成听到执政的民政党让他当下界首相的消息后，也随即改变主意，在 3 月 10 日发出制止政变的命令。法西斯分子蓄谋的“三月政变”流产，“国内先行论”的第一次实践受挫。而自以为首相宝座非己莫属的宇垣一成也只被授予了朝鲜总督的位子。此后，桥本也逐渐改变策略，认为“国内先行”并不现实，转而支持“外地先行”的主张，明确表示：“现在让外地先干吧!”

在这种形势下，陆军中的“确保满蒙先行”的势力显著抬头。关东军高级参谋板垣征四郎、石原莞尔是这种主张的代表人物。1931 年 3 月，板垣向日本陆军步兵学校的学员作题为《从军事上所见到的满蒙》的演讲，说“满蒙对帝国的国防和国民的经济生活具有很深的特殊关系”，“在这里形成了帝国国防的第一线”，“是帝国自给自足所绝对必需之区”，因此，占有“满蒙”是“实现日本帝国远大理想的使命”，极力鼓吹占领中国东北。

石原莞尔在他的“世界帝国”的构想中，把“满蒙”视为日本国运发展的重要战略据点。他认为，如果日本能完全控制“满蒙”，则俄国东进不易，朝鲜统治可初告安定，确保东亚之和平，并为南取南洋奠定基础。还胡说什么，进占“满蒙”是一种“正常”“正义”行为，进兵中国，解救4亿中国人于水深火热的军阀混战之中，是“日本人的天职”。1930年7月，石原莞尔还向内阁官员提出，“日本的理想”应当是“驱逐满蒙公敌东北军阀，实行日、华、鲜、蒙四民族共存共荣”。

1931年5月，板垣、石原鼓动关东军军官，说占有“满蒙”是日本摆脱国内经济危机的唯一办法。板垣断言，仅凭日本薄弱的工业基础，利用“国内的手段”，是解决不了日本经济困难的。石原论证说，唯有开发“满蒙”，活跃经济，解决失业才有希望。

这股“国外先行”的论调，给一向视“满蒙”为其生命线，时刻准备武力占领“满蒙”的日本统治阶层注入了新的、极富煽动性和实践性的因素。从此，关东军开始公开鼓吹武力占有中国东北，并把侵占东三省作为摆脱国内经济危机、进而争霸远东的首要任务。

◎“满蒙危机”论甚嚣尘上

张学良主政东北后，日本仍然贼心不死，逼迫张学良继续进行所谓“满蒙”问题的解决与交涉。但张学良非但不予“合作”，相反，却颁布了许多公开的和秘密的法令，限制日本势力在东北的扩张。日本驻奉天总领事馆代理领事森岛守人对此评论说：“张作霖时代的排日、抗日活动，一般来说，还没有越出自发的、偶然的范围，也没有什么思想背景和组织体系。但是张学良时代的排日、抗日，已不是个别事件的反复和继续，而是在一定的思想指导下，基于一贯的方针，采取一定的组织形式而进行的。”“张学良时代的对日态度，已从排日事件发展为对日攻势，而以铲除日本在满蒙的特殊地位为目标。”结果日本从张学良的身上没有得到一丝一毫的好处。与此同时，东北三省人民面对日本帝国主义变本加厉的侵略活动，掀起了提倡国货、拒绝毒品、护路争权等爱国抗日活动。因此，从1930年下半年开始，日本国内外掀起了一股所谓“满蒙危机”的喧嚣浪潮。

“满蒙危机”舆论的第一次沸腾是缘于张学良企图以借助欧美资本发展东三省的交通和工业，来逐步摆脱日本帝国主义的控制而起。1930年1月，东北张学良当局与荷兰筑港公司订立借款合同，建设葫芦岛港。同时，东北交通委员会设想在数年内自己修筑铁路1万公里。显然，这种政策对日本侵略势力的扩张必将起到抵制作用，因此引起了日本的强烈不满，认为侵犯了它在“满蒙的特殊权益”。满铁日人的法西斯组织“满洲青年联盟”为此大造“满蒙危机”的舆论。

“满洲青年联盟”于1928年11月成立，该组织在成立宣言中声称：“努力开发满蒙，排除外来暴力，使之获得独立和自由。”它制定的方针就是“必须使满蒙的土地真正成为我们的理想之乡”。所以它从成立伊始就充当了日本帝国主义为发动侵略而制造舆论的先锋军。

1930年6月，“满洲青年联盟”的成员到处散发传单，妄称葫芦岛港的建设对日本“孕育着危机”。为了唤起国内舆论的支持，“满洲青年联盟”于次年6月派遣其成员回到日本本土的东京、大阪等地煽风点火，叫嚣：在满洲的日本人的生存权受到中国政府的“蹂躏和压迫”，“满蒙”发生了危机；日本政府与国民正在“火山口上悠闲跳舞，如果朝野坐而视之，帝国权益将被消灭，亡国之运必将笼罩祖国”；失掉“满蒙”

会使新兴的日本受挫，日本也将在全世界面前失去所有的光荣；“在全部既得利益将废于一旦之虞”，要奋起促使9000万同胞猛醒，夺回“满蒙”。

▲积极侵华的日本侨民组织——满洲青年联盟

“满洲青年联盟”成员在国内还遍访日本首相、外相、陆相、军界实力派人物，以及工、商、财界、报界和朝野知名人士，申明主张，寻求支持，要求对中国采取强硬政策。参谋本部作战部长建川美次对来访的团员说，军部已下最后决心。极力鼓励他们去说服有关当局，加紧活动，使舆论沸腾起来。

“满洲青年联盟”还把他们的观点、思想整理成文，炮制了一份题为《满蒙问题及其真相》的小册子，在国内各界广为散发。叫嚣：茫茫波涛中的一块岩礁都确定了领土权的今天，代替“满蒙”的地方在何处可得？鼓吹日本占领中国东北。

与此同时，原满铁理事、众议院议员松冈洋右把山县有朋关于“满蒙”是日本“生命线”的谬论进一步发展深化。从1931年春开始，松冈洋右开始在议会内外散布“满蒙生命线说”。他在《动荡之满蒙》中写道：“满蒙”的地位，“对我国来说，不仅在国防上十分重要，而且对国民经济也是不可少的。换句话说，作为一个现实问题来看，不仅在我国的国防上，就是在经济上，也可以说是我国的生命线”。他还煽动说，“想到在满蒙有许多同胞侨居和巨额的投资，还有用鲜血写成的历史的关系”，日本对“满蒙”生命线“要牢牢确保和死守”。在松冈洋右的荒谬理论的影响与鼓动下，日本军部甚至要求记者、讲演者及各种媒体都必须宣传“满洲是日本的生命线，日本必须囊括满洲”。

九一八事变前，日本法西斯分子、满铁东亚经济调查会理事长大川周明还组织了一大批右翼分子广泛宣扬“满蒙生命线”论，在日本各地召开各种政治讲演会达135次之多，听众超过10万人。

1931年1月，中国国民政府外交部部长王正廷宣布：中国政府决心以最大的努力达到废除1840年以来不平等条约中签定的领事裁判权的目标。中国政府从5月开始与日本政府交涉治外法权问题，虽然暂时还无意收回日本在东北和山东的“特殊权益”，但别有用心的日本政府竟借此再次掀起“满蒙危机”的叫嚣。日本外务省向报界散布说中国政府已表示要收回旅顺、大连租借地和南满铁路，在日本新闻界引起骚动，以此发挥报纸、杂志等媒体的力量，大造“满蒙危机”的舆论攻势。他们四处叫喊：危机加深了，中国收回国权运动已使日本在满蒙的特殊地位岌岌可危了，日本一定要不遗余力地拯救生命线等。

日本右翼团体“大雄蜂会”、全国统一性的退伍（役）军人组织“在乡军人会”也兴风作浪。他们在全日本广泛组织讲演会、座谈会，大肆渲染“满蒙危机”，胡说什么“日本有责任拯救灾难深重的满蒙，使之成为民族协和的理法国家”。实际上就是要变中国东北为其殖民地。

而此时的关东军更是火上浇油，四处散布“生命线”和“满蒙危机”的强盗理论。关东军高级参谋板垣征四郎在题为《关于满蒙问题》的演讲中，进一步阐发“生命线——第一线”谬论：“满蒙不仅与我国领土毗连，在地理及历史上具有最密切的关系；而且，食品上固不待言，还拥有煤、铁等丰富的工业必需原料，在我国的自给自足上是绝对必要的地区。”只有“满蒙问题的根本解决”，才是日本摆脱危机的唯一途径。否则，就连在朝鲜也难维持统治。关东军司令官菱刈隆也到处宣扬“满蒙之地与帝国之国防及帝国之生存，具有很深的特殊关系”，“对满蒙问题作根本性的解决，实乃完成崇高使命之第一步”。一时间，呼吁解决“满蒙危机”的声音盖过一切，成为全日本和关东军最神圣、最崇高的“帝国国策”。

◎ 侵略方案出笼

在甚嚣尘上的“满蒙危机”论的浪潮中，日本参谋本部从 1930 年底就开始秘密酝酿和制定解决“满蒙危机”的方案。

1931 年 4 月，由参谋本部情报部长建川美次（不久调任作战部长）主持，欧美课长渡久雄、中国课长重藤千秋、中国班长根本博、俄国班长桥本欣五郎参与制定的《昭和六年度情势判断》出台，提出了“以解决满蒙问题为先行条件”的主张，要求从根本上解决满蒙问题，并制定了具体实施的三个阶段：第一阶段是建立一个亲日的新政权，用以代替张学良政权；第二阶段是使这个新的亲日政权从中国主权下分离出来，成为一个独立的国家；第三阶段是使日本实现对满蒙的占领，即变满蒙为日本的领土。该文件成为日本武力侵占东北的纲领。

6 月11 日，在急不可待的关东军的催促下，日本陆相南次郎秘密组建一个由建川美次为委员长，军事课长永田铁山、补任课长冈村宁次、参谋本部编制动员课长山胁正雄、欧美课长渡久雄、中国课长重藤千秋等五人为委员的省、部核心会议小组，筹划制定解决“满蒙问题”的具体方案。仅仅过了八天的时间，到了6 月19 日，即甩出一份《解决满蒙问题方案大纲》的草案。《大纲》包括八条内容，其核心是：

(1) 关于缓和张（学良）政权的反日运动，以外务当局的交涉为主。

(2) 如果反日运动变得激烈，则有必要采取军事行动。

(3) 通过各种渠道，让日本国民和世界各国了解满洲反日行动的实际情况。事前采取周密措施，以便万一需要采取军事行动时，能得到国内舆论的支持，也不致于引起各国的反对和对日本施加压力。

(4) 关于采取必要军事行动时所需兵力及其行动应如何指挥，由参谋本部拟订方案。

(5) 为谋求国内外的谅解而采取的措施，力求在一年内即于明春以前生效。

《大纲》明确规定了日本对中国东北“采取军事行动”的方针、步骤和措施，是日本具体侵略行动的纲领。从《大纲》内容可知，日本军部已决定最迟将在1932 年实行武力侵占中国东北。

7 月初，日本陆军省为了落实《大纲》的精神，把关东军参谋长三宅光治密召回国，向他详细解释了《大纲》的旨意和缜密的计划，并把《大纲》作为指令传达给关东军司令官。

急于发动侵略战争的日本关东军哪里能够再等待一年的时间？他们认为，眼下是发动战争的最好时机。首先，英、美、法等国因经济危机而自顾不暇，无力再在远东插足，而苏联此时正是万物萧条、百废待兴，其力量还不足以与日本抗衡。因此，如果日本在这一年对中国东北大动干戈，不会遭到来自其他国家的反对和干涉。所以关东军主张“立即动手”。于是，他们在接到陆军省关于执行《大纲》精神的指令后，出台了一份《关于形势判断的意见》，不同意陆军省的主张，提出：一要立即动手，一年时间太长，实在难耐；二要占领满蒙，立即使之成为日本领土，反对陆军省分三个阶段进行的计划；三是不能坐等机会，守株待兔，而要看准机会自己动手，制造契机，迅速解决满蒙问题。

不久，关东军参谋板垣征四郎携带着《关于形势判断的意见》回到日本，与日本政界、军界要员广泛接触、会谈，确知国内各界也在积极准备发动武装侵略东北的活动，因此对于关东军行动的进一步深化增强了信心，也下定了决心。

其实，在参谋石原莞尔、板垣征四郎的精心策划下，关东军于 1931 年 5 月就制定出了《处理满蒙问题方案》，声称：在非常情况下，关东军应有自行决定颠覆张学良政府、占领满蒙的决心。6 月末，在沈阳柳条湖附近炸毁铁路的计划也已经在关东军上层领导层中传播开来。而板垣的这次日本之行，不过是探探口风而已。一旦得到了日本政府和军部的首肯与支持，那么关东军出兵计划的实施就在于时机与时间的选择了。

万宝山事件

◎ 蓄意制造的事端

阻挠东北易帜的活动失败后，日本帝国主义仍然居心叵测地寻衅滋事，企图制造战争借口。万宝山事件就是日本帝国主义故意制造的一次大规模反华事件。

万宝山镇位于吉林省长春县北32.5公里的地方，建于清朝嘉庆年间。该地虽因山而出名，但四周地势平坦，多是良田沃土，距其不远的伊通河水为当地农民的农耕生活提供了良好的灌溉条件。到1931年时，万宝山镇已发展成为有92户人家、1100余口的中等小镇。自万宝山镇沿伊通河两岸，直到马家哨口，均有人居住，两岸居民往来或是外出主要以伊通河为交通孔道。

1931年春，居住在日本租界地区、与日本人往来密切且又无正当职业的居民郝永德在日本人怂恿、支持下，在长春县头道沟开设了“长农水稻公司”，自任经理。4月初，郝永德租得长春县三区万宝山附近张鸿宾、萧雨春等12户的土地500垧（土地面积单位，1垧约合15亩），租期十年。契约内订明：“此契于县政府批准日发生效力，如县政府不准，仍作无效。”但郝永德无视契约的存在，在没有履行呈报县政府手续之前，就把所租土地转租给朝鲜人李升熏、李造和等九人耕种，租期也是十年。该契约也没有报县政府批准。李升熏等九人，是日本驻长春领事田代重德以“兴办三星堡水稻农场”为名，从吉林、蛟河、磐石、额穆、烟筒山以及朝鲜黄海道、庆尚北道等地诱骗到万宝山地区的188名朝侨的领队。日本帝国主义企图通过郝永德盗卖中国土地租给朝鲜农民，达到收买、占有中国土地，设领置警的目的。

从4月9日至13日，188名朝侨陆续到达万宝山地区。遵照日本人的命令，朝侨决定将所租得的500亩旱田改为水田，引导50华里以外的伊通河河水进行灌溉。因此需要在伊通河截流筑坝，挖掘引水渠。4月18日，百余名朝侨开始在长春县三区界内张鸿宾等12户耕地内破土动工，挖掘水沟。此沟长3.5公里，宽3米，深50厘米。月底，32名朝侨又到孙永清、马宝山等41家耕地内开渠，与前沟相接，此渠长3.5公里，宽5米，深1.90米。起初朝侨在张鸿宾等耕地内挖沟时，并未受阻，但在孙永清、马宝山等家耕地内挖沟时，则遭到孙、马等的激烈反对和阻拦。对于中国农民的拦阻，朝鲜农民开始尚能听从，并停止了挖沟。但到了5月2日，朝鲜百余名农民忽然又聚众强行挖沟。经济利益受到损害的万宝山农民见阻止无效，遂与之发生冲突，诟骂、推搡、拉扯之事当然无法避免。

孙永清、马宝山等受害农民及拥有沿水渠两侧土地的农民，眼见耕地一天天地被毁掉，知道仅靠私下交涉并不能解决问题，于是派出百余名代表到长春县城申诉请愿。5月31日，县公安局遣人到马家哨口，制止强行挖水沟的朝侨。经过劝解说服，朝鲜农民代表申永钧表示停止挖沟，并出具保证书，称：“今蒙贵县局长忠告劝导，始知被郝永德欺蒙，大众情愿停止工作，于2日内全体回长（春），决无迟延。倘至期如有不走者，代表等甘愿领咎，恐空口无凭，立此甘结是实。”孰知这份保证书竟是一纸空文，第二日朝鲜农民仍然继续施工，并口口声声称是“受日人命令来此种稻”。

原来，日本驻长春领事田代重德和领事馆的警察署主任中川义治见朝鲜农民意欲停止挖渠，不甘心到嘴的肥肉就这么白白地丢掉，连夜胁迫申永钧、李升熏等人继续施工，并称为其做后盾。这样朝鲜农民才愈加有恃无恐。不但如此，日本人还于6月3日派出武装日警前往万宝山地区，以“保护”为名，督催朝鲜农民继续施工。日本领事田代又增派50余名便衣警察携带机枪开赴万宝山地区镇压中国农民，准备挑起更大的纠纷。

▲万宝山事件冲突现场

6月12日，朝鲜农民在日本人的胁迫下，开始编织柳条帘子，准备在伊通河筑坝引水。7月5日，朝侨在马家哨口处横截伊通河水的顶宽3米，底宽16米，全长30余米的堤坝筑成。朝侨的所作所为严重地危害了中国农民的切身利益，他们先是挖水沟占地，毁坏中国农民良田40余垧，而后在伊通河上垒坝截流，将使上游两岸低洼民地2000余垧被淹。朝鲜农民所租之地地势较高，改成水田后无处泄水，附近洼地又将被淹数百垧。水渠的水涨溢时，两侧低洼地还将有四五千垧良田被淹。拦河坝的建成必将使伊通河两岸交通为之阻断，沿岸数百户以航运为生的农民生活将受到威胁。危害之大显而易见。

6月30日，长春县二三区受害农民500余位在万宝山召开“反对日警促使韩民筑堰后援大会”。大会决定，除了继续催请官府进行强力交涉外，受害村民要按户出工，进行填沟平坝的斗争，纵有官府制止也不听从，即使为此流血亦在所不惜。

7月1日，忍无可忍的万宝山农民三四百人各持锹锄，填平朝鲜农民所挖沟渠长1公里。日警当场开枪射击，中国农民死两三人，伤数十人，有十余人受到日警的拘留毒打。7月2日一大早，中国农民四五百人手拿铁锹、镐头前往马家哨口，继续平沟填壕。为了防止日本人下毒手，许多农民携带着准备用来自卫的猎枪。约8时左右，五六十名日警到现场制止中国农民填沟，双方发生口角。日警首先向中国农民射击，“实弹射击38发。愤怒的中国农民立即跳入壕沟，开枪向空中射击，以示反抗”。双方射击约半小时左右，这时，匆忙赶来的中国警察连忙制止中国农民射击，同时制止填沟。平沟的万宝山农民被迫解散回家。在这场冲突中，中日双方均无伤亡。当天傍晚，气急败坏的中川义治带领日警到万宝山地区各处搜捕当地农民，进行报复行动。当夜有村民十五六人被抓去严刑吊打，灌煤油及辣椒水，于次日方被放还。日本帝国主义对中国人民欠下了又一笔血债！

7月3日，日本方面继续往万宝山地区增派日警500名，并携带机枪两挺、快炮两门、弹药 50 箱、炮弹 50 发、长枪 200 余支、短枪数十支、子弹万发。日警在万宝山地区抢占民房、埋置地雷、构筑工事，禁止中国农民在马家哨口附近五华里之内通行，迫令朝侨加速挖渠，修复水坝。5 日，日警在马家哨口河岸公然悬挂日本国旗，试探我方的反应。

7 月2 日日警开枪射击中国农民事件发生后，长春县政府召开县长、商会长、各地方法团首领参加的紧急会议，会议决定：(1) 对日提出最后抗议，令日撤兵；(2) 派 300 名警察保卫队前往马家哨口；(3) 派员调查肇事原因，慰问伤者；(4) 牒请日领令朝侨停止工作，听候中日两国政府解决；(5) 日警开枪打伤中国农民真相电告辽、吉省府，向日总领事严正交涉。随后，长春县政府马上派 300 名警察卫队奔赴马家哨口。于是，中日双方在万宝山地区形成对峙态势。

万宝山事件发生后，日本外务省一面令驻东北的日本领事向中国当局进行抗议、交涉，一面密令“朝鲜当局煽动韩民迫害华侨，以作外交有利之后援”。7 月5 日，日驻吉林领事石射与日驻长春领事田代密谋后，向吉林当局外事部门进行交涉，表示日本决不撤军，要求赔偿朝侨损失，保证朝侨开垦水田。

13 日，朝鲜农民在日警的庇护下继续开挖水沟。

15 日，日本驻奉天总领事林久治郎就万宝山事件与吉林省主席张作相交涉。林久治郎非但不理睬中国地方当局的要求和抗议，反而倒打一耙，提出一系列无理要求，内容包括：(1) 保障朝侨生命财产安全；(2) 赔偿朝侨损失；(3) 保证朝侨在吉林之自由；(4) 准允明年在该地种稻；(5) 在满足上述四项要求后，日本始行撤军。同日，中国国民政府外交部开始向日本提出抗议，建议双方派员调查和就地谈判，并要求日本军警撤退，朝侨停止挖沟等。

从7月21日起，国民政府外交部驻吉林特派员钟毓与日本驻吉林总领事石射猪十郎就万宝山一案进行谈判。

谈判从7月下旬延至9月中旬，除了谈判一个“谈判交涉”的空架子外，任何问题也没有解决。到九一八事变前夕，百余名朝鲜农民仍在万宝山地区居住，终日无所事事。有人问其为何不往他处，另谋生计，其答曰：“静待来年，好种稻田。”驻在长春县的日本领事及政府官员也仍然支持朝侨，毫无遣其出境之意。

◎ 日本操纵下的朝鲜排华案

日本政府为了利用万宝山事件作为出兵中国东北的口实，一面向朝鲜增派大量军队，一面密令朝鲜的日本当局煽动不明真相的朝鲜人迫害华侨，作为外交上的后援。因此在万宝山事件发生的当天（1931年7月2日），日本驻长春领事馆就在朝鲜各地日文报纸上制造了许多耸人听闻的消息。同时，日本驻长春领事馆还把捏造的消息文稿，交给朝鲜《东亚日报》和《朝鲜日报》的长春支局局长、特派员金利三。为了抢新闻，朝鲜汉城的《朝鲜日报》将金利三以急电、特电发来的消息，于2日以“号外”形式发表。第二天又连续发行两期“号外”，以“中国八百农民与二百朝侨发生冲突、朝侨受伤累累、中日警察已交战一小时、驻长日军已经出动、中国当局将于8月1日驱逐朝侨出境、中国出动六百骑兵、朝侨处境危急朝不保夕”等挑拨性的题目，大肆做颠倒是非的报道。送报人则腰拴一铁铃沿街叫喊撒送，大造声势，使得那些“在东北有亲人的眷属群情激奋，有的沿街朝着中国侨民大声叫骂，有的醉汉则到华商家滥摔乱砸，也有一些老年人到华侨家去哭闹”。一时间闹得满城风雨，混乱异常。

由于朝鲜各地日、朝文报纸大造谣言，诬捏事实，一些不明真相的朝鲜人在日本殖民当局的煽动和指挥下，在朝鲜各地掀起了血腥的反华、排华浪潮。

当时旅朝华侨有 40 万之多，在朝鲜各地均有分布。据亲历者称，在事件发生的前两天就有风声泄露出来。有很多朝鲜人事先知道要打中国人，“有一些好心的朝鲜人暗地告知华侨，有的则把华侨藏在自家的衣柜里，有的帮助华侨换衣化装，逃匿外地。脱险活下来的人，大都是朝鲜人掩护营救出来的”。

1931 年 7 月 5 日晚八九点钟，平壤街头上的人渐渐多起来，“不到 10 点钟的时候，街上先有人呼喊，接着就听到砸门声、惨叫声。有的商铺房屋、门窗比较坚固的，一时砸不开，他们就在汽车的尾部绑上一块石头将门撞开，随即一哄而入，先打人，后抢商品。暴徒们使用的武器大多是钢筋做的钩枪（日常用来打野狗的），或是铁锹木棒。被害者大多是头部受锐器击打致命而死的，腹部被掏的也有，小孩多是被摔死劈死的，全部血肉模糊，面目皆非，惨不忍睹。在搬运尸体时，有的华侨哭，有的华侨不敢看、不敢搬，而日本警察却说：‘你们打我们比这个还惨……’四个多小时的浩劫，把 60 多户华侨华商劫掠一空，马路上残留的破烂物致使市内电车两天受阻”。这场突如其来的袭击持续了两天三夜，被害的华侨多是一些菜农和从事饮食业的摊贩、业主。及至 9 日，遭难惨死的已达百余名，伤者 200 余名。

其他如仁川、京城、釜山、元山、新义州等朝鲜城市都在 7 月初发生了排华惨案。一位久居仁川的华侨在写给其国内亲属的信中，沉痛地控诉了日本帝国主义发动、纵容朝鲜排华事件的血泪历史，他写道：“在朝鲜各地，7 月 3 日同时大举排华暴动，纠集大批暴徒，到处抢劫烧杀，惨不忍睹，其是否有背景，蛛丝马迹，不无可寻。我住仁川，地处要冲，华人为数甚多。2 日，即有侨胞闻将殴戮华侨之事。于是华侨转相警告，互为警惕，中国街之华侨，亦有自卫之准备。暴徒得悉后，3 日乃纠集数千人，捣毁同生泰等华商 84 家、华农菜园 130 余家，财货抢劫一空，家具尽被砸碎，火烧两家大商店，并将店主曹高登等二人毒打重伤，……（日本）警察敷衍保护，内中指挥，有许多侨胞亲眼目睹。暴动时，有红裤绿衣一人为总指挥，警察在旁专俟次家捣毁后，至彼家肆暴。”平壤也从 4 日到 7 日始行排华暴动，“四周僻偏侨农菜园、伙食铺被破坏者达 400 余家”。汉城暴徒亦于 3 日将城外华侨商店全部捣毁，4 日，城内百余家华侨住宅被毁。

▲在日本人的指使下，朝鲜的汉城、仁川、平壤等刮起排华风潮。这是汉城华侨商店集中的中国街被毁后的情景。

一周之内，有近 200 人在这场排华暴动中被杀，华人商店、住宅被捣毁者不计其数，财产损失无可估量，有数千华侨纷纷逃回国内。从 7 月到年底旅朝华侨已由 40 万人降至 17 万人。

日本人在这次暴动中的教唆、煽动的作用已很明显，更有甚者，在暴动发生时，竟有日本人改穿朝鲜服，从中指挥，给暴徒分发华侨居住地地图，使其按图索骥，肆意攻击华侨。大多数的日本警察，则摘去警帽及警章，尾随暴徒，协助作乱。待见华侨被劫之后，又假装驱逐朝鲜人，似是保护华侨，实是暴动的罪魁祸首。

暴动发生后，朝鲜进步团体准备散发传单，呼吁群众不要听信谣言，停止暴动，但被日警阻止。不唯如此，在暴动最烈时，平壤、元山等地华侨纷纷云集车站，急于逃生，早已被日本控制的车站竟拒绝售票！那些想乘轮船逃生的华侨也遭到同等命运。华侨逃生无路，只能束手待毙。有些日警还以金钱收买暴徒为其卖命。日本当局还扣押中国国内发往朝鲜的电报，以及华侨向国内报告的电报，故意阻挠消息，使惨案扩大。

当万宝山事件的真相渐明时，受日本人利用、谎报情况的《朝鲜日报》驻长春特派员朝鲜人金利三受到国人谴责，亦自悔悟，当即著文，在《吉长日报》上说明了事情的真相。日本领事见事情败露，竟唆使日本警察将金利三枪杀于吉林东亚旅馆。这就是日本不打自招地承认了它才是朝鲜排华惨案的主犯。

万宝山事件后在朝鲜发生的排华惨案，决不是朝鲜人对居朝华侨的蓄谋事件。参加这次暴动的暴徒中的朝鲜人，除极少数是甘心媚日的仇华者之外，其余都是被日人恫吓、威胁或利诱来的。

万宝山事件和朝鲜排华案是日本帝国主义掀起的有组织、有计划的蓄谋事件，是为武装占领中国东北精心制造的一起政治事件。

中村事件

◎ 神秘的“日本东京农业学会会员”

一波未平，一波又起。就在中日双方还就万宝山事件进行交涉的时候，日本帝国主义又以“中村事件”为由，再掀反华波澜。

1928 年前后，东北大兴安岭地区土匪活动甚为猖獗。为了加强守备，巩固边防，开发边疆，经张学良批准，将索伦山的南面，北以索岳尔济山的分水岭为界，沿洮儿河南至白城子，东西夹交流河、绰尔河的河谷间 6000 多平方公里的地方辟为兴安屯垦区。张学良将从关内撤回东北的部分军队改编成屯垦军，派赴以索伦为中心的兴安屯垦区屯垦殖边。

在兴安屯垦区成立之初，东北当局就照会驻沈阳的各国领事馆：兴安岭地区乃为荒野偏僻之地，山深林密，恐怕东北当局不能保证进入该地区人员的安全，故谢绝一切人员参观游历。凡是外国人要求进入该区者，一律不发护照。各国领事都复照认可，唯有对该地有觊觎之心的日本不置一词。在未设垦区之前，日本就利用这里盗匪横行、汉蒙杂居的复杂民族关系等条件，多次派遣特务到此进行制造“满蒙独立”、分裂中国的间谍活动。此外，因兴安岭地区与苏联接壤，日本准备把这个地区作为未来反苏战争基地，所以也迫切需要掌握该地区的详细情况。先前以“旅行”“考察”等名义进行的公开间谍活动，现在只能改用秘密的和非法的手段进行了。

1930 年冬，奉天日本领事馆的总领事林久治郎，在关东军奉天特务机关长土肥原贤二指挥下，将退伍军人、军曹（上士班长）井杉延太郎派到昂昂溪开设旅馆，以此作掩护，在东内蒙古地区进行间谍活动，收集掌握当地的交通路线、民族关系、风土人情等情况，还借机拉拢控制蒙古王公，四处骚扰滋事。

1931 年 1 月，日本参谋本部情报科从日本东京派遣日本陆军大尉中村震太郎到中国东北的昂昂溪，与潜伏在这里的井杉延太郎会合，开展间谍活动。为了行动方便，中村、井杉又雇用一名白俄猎户做向导，另雇一蒙古人为其喂马烧饭。四人均化装成中国农民的模样。

时值初夏，中村等人为避免暴露身份，收藏好各种记录和必要的间谍探测器具，均身着棉袄棉裤。他们先在海拉尔、索伦山等地进行了近三个月的军事间谍活动，把所到之处的地形、地貌、生态环境、山水桥路、军事设施、驻防兵力、将校姓名、武器装备、气候资料、土质水源等情况都记录在案，并绘制了详细的地图。

中村从海拉尔前往索伦山前夕，与奉天的日本领事馆预约，5 月中旬到洮南接头。但他们在往洮南的途中，迷路行至察尔森。5 月下旬的一天，当中村等人大摇大摆地经过兴安屯垦区佘公府（今内蒙古乌兰浩特市）的时候，被在那里率领士兵操练的第一营营长陆鸿勋发现。由于陆鸿勋见四人驮载行装甚多，又着棉服，行迹颇为可疑，遂令士兵将四人追回操场问话。初以汉语询问，但言语不通，旋又改用蒙语，仍不通。

陆怀疑他们是日本人，就报告了屯垦军第三团少校团副董昆吾。董昆吾系日本士官学校毕业，能讲一口流利的日语。

▲日军参谋本部的间谍中村震太郎（左）和退伍上士井杉延太郎（右）

董昆吾到操场后，立即用日语询问。这时，中村拿出一枚印有“日本东京农业学会会员”的名片，佯称他是东京农业学会派到中国东北的会员，此次由洮南出发到索伦山一带调查土质、农业情况，但因前方道路不靖，常有土匪抢劫，故想由此折回，返回洮南。董昆吾从其马匹、行装上观察，也颇觉可疑，于是向他们说明路经此地，要加以检查。这一查果然收获不薄，从他们的行囊和中村的棉裤里搜出了军用地图、调查笔记、指北针、寒暑表、南部式手枪、马枪等。从他们的调查笔记中获知，中村原来是日本参谋本部情报员陆军大尉，在一个月前由海拉尔出发，经过东北兴安岭、索伦山一带调查军事地理，并将军用地图对照实地情况，加以纠正改绘。凡是他们所经历的地区，对于雨量、气候、村落、居民、土质、水井及可容驻兵力都记载极详。

董昆吾从所搜得的材料中证实中村一行确为日本军事间谍后，不敢大意，就以“前方路途不靖，常有土匪出没，你等可在我们的团部暂住一夜，等候明天派兵保护送你们回洮南”为由，将他们四人扣留在第三团团部。然后立即派人到关外巡查的关玉衡团长处报告详情，请其马上回团处理。

当晚八九点钟，在南突泉县一带执行剿匪任务的关玉衡团长接到董昆吾的报告后，立即组队出发，星夜赶回团部。经过50余公里的强行军，到达营房驻地已是下半夜了。关玉衡一到团部，即将所搜获的文件译成中文，证实中村震太郎的真实身份确系“日本帝国参谋省情报科情报员陆军大尉”。为了稳妥起见，关玉衡决定对中村等人亲自进行审问。

在审讯中，中村的态度傲慢自大，蛮横暴躁，自称是大日本帝国退役的陆军大佐。井山延太郎交代说：“我们都是军人，中村是陆军大佐，我是曹长，现已退役，在扎免采木公司工作。中村指派我作案内（助手）。这些地图都由中村自己掌握，我不管。”又问他晒蓝纸俄文地图是从哪里来的？井杉答曰：“我不知道。中村不认识俄国字，用时就叫俄国人看。”再讯问中村时，则以沉默相对。但关玉衡已从井杉的口供中进一步确认中村的确是被派遣到兴安区的日本军事间谍。

为慎重起见，审讯中村的当夜，关玉衡又召集全团军官会议，研究如何处理中村一案。董昆吾团副和陆鸿勋营长都认为应该将其秘密处死。因为东北当局已经向驻沈阳的各国领事照会不保护外国人来垦区游历，而且中国是弱国，本无外交可言，如将中村等解送沈阳，日本就极易将他和他的那些东西要回，还得让中国人给他们道歉。关玉衡则主张设法取得中村的口供，所以在军官会议后对中村等人再次进行审讯。

据关玉衡回忆说，在这次审讯中，“中村不仅蛮横如故，更加变本加厉地耍野蛮，与官兵格斗起来，激起士兵怒火。我本来不主张刑讯的，在此情况下，迫不得已才大声喊：‘捆倒了打！’不料中村大尉竟拿起日本法西斯武士道的本领与官兵格斗起来。此时，我遂抽出战刀要手刃强寇。日本人最怕杀头。中村见我抽出战刀，他的气焰方始少煞。经询问后，令其在笔录上画押时，他又借机厮打，致惹起官兵的愤怒，官兵拳打脚踢，并用枪把子打在中村的头上，将其打晕倒卧在地”。

这时，陆鸿勋营长说，像这样就只能采取秘密处死的办法了。在场军官也一致要求处死中村等人。于是，关玉衡下令，让第三连连长宁文龙、第四连连长王秉义，把中村等四名间谍犯一并枪决。为严守秘密，派团部中尉副官赵衡为监斩官，押赴后山僻静处执行，连同行李马匹，除重要的呈报文件外，一律焚毁灭迹。

为防止事情被泄露出去，关玉衡不仅采取了一系列严密的保密措施，还制定了保守军事机密的“约法八章”。如“此为军机，不可泄露，上不许传父母，下不许告妻子，凡有泄露者，祸灭九族”“不许私留中村一行人的任何财物；收缴的东西，必须上交团部，违者枪决”等。尽管如此，中村一行四人被秘密处死的消息还是让日本方面嗅出了味道。

◎ 借端生事

大约至迟到 7 月中旬，日本人已经初步获知中村等人被中国方面杀死的消息，但关于事情的真相仍然模糊不清。消息被传出去的经过是这样的：

从 1931 年 7 月 10 日左右，由旅顺出发，参加关东军组织的所谓“北满参谋旅行”的关东军参谋板垣征四郎、石原莞尔等一行数人，在该月中旬到达黑龙江省。在昂昂溪准备换乘中东铁路火车时，当地昂荣旅馆的女老板是随同中村的井山延太郎的妻子，她告诉板垣说，她已经有一个多月没有同井山延太郎联系上了，请求板垣一行回到旅顺后，通知关东军帮助寻找。这样，关东军开始注意到了这件事情。

当板垣一行回到旅顺后不久，哈尔滨满铁公所雇员佐警向当地关东军的特务机关送来一份情报：中国东北屯垦军某军官的情妇名叫植松菊子的日本女人告诉他，前不久，两名日本人、一名俄国人和一名蒙古人在佘公府被屯垦军第三团杀害了。关东军见情报与井杉妻子所述一致，断定此四人必是中村等人无疑。

▲哈尔滨满铁公所

与此同时，已接到中村由海拉尔出发的电报的洮南日本领事，见预定到达洮南的日期已过 20 余日，仍不见中村一行到来，就派人沿着中村所走的洮索路线向北寻找。乃至佘公府地方，当地的蒙古人告知中村等人已被杀。中村被扣后，他戴的手表被第三团的看守士兵摘去，典于洮南的一家当铺中，后被洮南的日本领事查知买去，以后便以此作为中村被杀的证据。日本方面从两个渠道查获了中村等人的下落。

8 月初，日本驻沈阳领事林久治郎向东北长官公署荣臻参谋长（张学良正在北平养病，由荣代理副司令长官职务）提出抗议，态度极端强横，大叫："谁杀害的，由谁偿命!"

8 月10 日，正在千方百计制造武力侵占东北借口的侵华先锋——日本关东军，以参谋长三宅光治的名义向满铁总裁江口定条发出了一封题为《关于搜寻中村大尉之件》的信，信中说："关于参谋本部部员中村震太郎遇难的问题，我军预定最近开始同奉天军警当局进行交涉。根据情况，可能需要武力调查，请求满铁提供人员、器材等。"关东军参谋更是直言不讳，他在给参谋本部军事课长永田铁山的信中说："今天的满蒙问题，外交方面的交涉无法处理，要解决这个问题，只有依靠军部力量。为了不使陆军大臣关于军部目前肩负着对满蒙问题重任的训示停留在单纯的议论上，而是付诸实践，我深信此次事件（指中村事件）是一个最好的机会。"就是说，领事馆终究解决不了这个问题，而要依靠军部的力量，在最短时间内获得成功。他还叫嚣：中村事件只是在若干悬而未决的问题中又增加了一个，不过这回用不着外务省管，军部决心独自解决。石原把中村事件看成是日本关东军向满铁附属地以外地区出兵的绝好机会。参谋本部军事课长永田铁山在访问亚洲局长谷正之时也说：中村事件只不过是根源于中国侮日感情而发生的一个现象，待中村事件解决后，应立即解决万宝山事件、满蒙铁道交涉等问题，从最近发生的最大悬案开始，依次将过去十多年来没有解决的300 多项有关满蒙问题悬案都予解决。永田铁山的这段言论更如一个明火执仗的强盗，毫无道理可讲，似乎中国不过是日本手中的一块橡皮膏罢了，如何造型都由着它们的性子来。

日本奉天特务机关长土肥原贤二执意亲往兴安垦区搜查，由于路途中屡受检查与盘问，半途而返。土肥原回到沈阳后，大肆造谣说：“兴安区部队要哗变，一切准备妥当，只待发动。”他还说：“奉天政府即使承认中村被杀的事实，假如不表示诚意，或者玩弄拖延谈判手段，我们就准备采取最大限度的报复手段。”日本驻沈阳总领事林久治郎继续向东北当局施加压力，或是要求以关玉衡为中村抵命，或是“以暂停谈判准备行动”相要挟。

此外，日本设在东北的机关报纸，如《盛京时报》《朝鲜日报》《泰东日报》等，也都纷纷报道“中村震太郎入蒙游历失踪”的消息，他们捏造的“中村震太郎因入蒙携带鸦片和海洛因，为兴安区土匪杀害”等谎情，纯系混淆世人听闻，推卸其间谍活动的责任。

面对鼓噪谣言的日本报纸和日本在交涉中的无理与蛮横，东北当局给予了有力的驳斥：查本兴安垦区自成立伊始，东北长官公署即向驻沈阳各国领事照会，谢绝到此地参观游历，因安全难保，故不发护照，凡私自入于该境而发生意外时，该区不负任何责任。按照国际法的原则，主权国家有权处死敌对国家的军事间谍。中村等人构成军事间谍的罪证确凿，而且东北当局有言在先，不准外国人进入兴安垦区，中村等人的下场是罪有应得。

对于中国地方政府的声明与驳斥，日本当局非但不曾有所收敛，反而更变本加厉。

8 月17 日，日本政府在隐瞒了中村震太郎等人进行军事间谍活动事实的前提下，公布了他们被中国军队杀死的消息。企图动员、利用各种组织、机构、团体、党派，利用一切机会，渲染中村事件，扩大事态，煽动战争狂热。日本军部、议会也利用该事件大做文章。

8 月20 日，日本内阁召开会议，陆相南次郎威胁中国要保证以后不再发生类似事件，否则日本不惜使用武力。四天后，日本陆军省也在中村事件处理决定中狂妄宣称，如果中国否认杀害中村的事实，就将对中国东北洮南、索伦地区实施保护性占领。9 月12 日，林久治郎照会辽宁省主席臧式毅，要求东北当局正式谢罪，严惩责任者，赔偿中村等人的生命和财产损失，并保证以后不发生类似事件。

在日本方面的威逼胁迫下，中国政府于9 月上旬承认了处死中村的事实，表示希望通过外交手段和平解决这一事件。9 月17 日，荣臻在与林久治郎谈判时，拿出了中村等人的间谍罪证和关玉衡的抗议书及实证材料，日本的嚣张气焰有所收敛。但是林久治郎仍然坚持他向臧式毅提出的强盗条件。

第二天，日本关东军的炮声在柳条湖畔乍起，而原本就是日本为了制造侵略烟幕的中村事件当然也就失去了它原来的意义，一起随着炮声散尽了。

日本关东军出动

◎“参谋旅行”

关东军以其在中国东北的特殊地位和条件，充当了日本武力侵占中国东北的急先锋。1928 年制造皇姑屯事件，企图乘张作霖被炸死而引起的混乱出兵占领全东北，彻底解决“满蒙问题”。但由于东北当局和张学良的妥善处置，关东军阴谋未能得逞。随后不久，贼心不死的关东军又怀鬼胎，伺机再干。他们以组织参谋军官旅行为名，到东北一些地区进行实地侦察，搜集情报，制订作战计划，为侵占中国东北做军事准备。

1929 年 5 月，刚刚调任关东军参谋的板垣征四郎主持召开了关东军情报会议。会议分析了当时的形势，认为张作霖死后，继任的张学良不仅不与日本合作，而且态度傲慢，所以从东北现状来看，要根本解决“满蒙问题”，除了以武力强行占领，使之成为日本领土外，别无良策。会议根据形势分析，决定以“研究对苏作战计划”为名，进行参谋旅行活动。从 1929 年到 1931 年即九一八事变前夕，关东军共组织了四次参谋旅行。

第一次是 1929 年 7 月 3 日到 14 日历时 12 天的“北满参谋

旅行”。路线是从旅顺出发，经长春、哈尔滨、齐齐哈尔、海拉尔到满洲里，回程经昂昂溪转洮昂线，到泰来、洮南，然后返回旅顺。

这次参谋旅行由板垣征四郎、石原莞尔统领，专习员有佐久间亮三大尉等五人。在旅行过程中，参谋们就侵占“满蒙”问题进行了多方面的策划。以“石原构想”的侵略理论而著称的关东军参谋石原莞尔在这次旅行中大出风头。7 月 4 日，石原在长春讲述了“对现代战争之观察”，即“战争史大观”，提出了“关于占领地统治之研究”的提案。自称此次长春之行揭开了“满洲事变前史的第一页”。7 月 5 日在由长春到哈尔滨的列车上，石原又抛出“扭转国运之根本国策——满蒙问题解决方案”，在满洲里又就“关东军吞并满蒙领土计划”作了说明。石原的几份提案比较系统地制定了侵略东北的计划，例如预定行政组织采取总督府的编制、日本人从事企业经营和脑力劳动、朝鲜人从事水稻的开发、中国人从事小商业和体力劳动等，占领东北后的种种设想，详尽至极。

在这次参谋旅行中，板垣、石原等还进行了实地侦察和战术研究，主要内容有：为进攻哈尔滨的地形判断、松花江渡江作战、占领哈尔滨以后的前进阵地、兴安岭东侧地区的遭遇战、海拉尔的防御战、在洮南集中主力的掩护阵地等，为关东军发动九一八事变进行了极为周密的军事准备。

第二次的“辽西参谋旅行”仍由板垣、石原二人统领，专习员以关东军第 16 师团的幕僚为主，是在 1929 年 10 月间进行的。这次在形式上与第一次的“北满参谋旅行”截然不同，不是参谋、协商，而是采用对抗的形式。参加人员被分为两组，一组充当日军，一组充当中国军队，相当于一次小规模的军事演习。这次“参谋旅行”时间很短，只进行了三四天。他们按着假想的关东军在击溃中国军队后进行扫荡，其主力正向奉天附近集中，进入新民屯的关东军先遣部队被中国军队包围的背景，研究和演习了新民的渡河攻击、向锦州追击和进攻锦州等课题。旅行团成员还详细侦察了锦州中国军队的兵营，为后来轰炸锦州打下了基础。

1930 年 5 月，关东军组织了第三次参谋旅行，称作“长春参谋演习旅行”。这次活动是由前来东北的日本参谋本部作战部长畑俊六率关东军参谋旅行团到长春举行军事演习。石原在长春发表了“从军事上看日美战争”的讲话，宣称拯救没有和平的中国是日本的使命，同时也是拯救日本自己的唯一途径，为此必须排除美国的障碍，鼓吹对中国，乃至世界的战争。

1931 年 7 月 6 日，关东军组织仍由板垣、石原为统领的第四次参谋旅行，依旧名曰“北满参谋旅行”。这次活动主要是为了让新调来的关东军幕僚亲自看一看他们亟待熟悉的东北情况，加深对北满战略价值的认识。在旅行前 个月，每个人都分配到了一份自己的研究课题。7 月 6 日，他们从旅顺出发，经郑家屯、洮南、齐齐哈尔、昂昂溪、扎兰屯、海拉尔到满洲里，回程取道哈尔滨、长春、公主岭，19 日返回旅顺，历时两周。关东军参谋们在昂昂溪研究了中野良次的“关于机械化部队的运用”，在海拉尔和哈尔滨侦察了郊区的地形。除此之外，还进行了泰来附近地形及开阔地的正面防御的图上研究。此次活动实地考察了北满的全部地形。

关东军组织的这些参谋旅行，为日本帝国主义武装侵略东北做了军事侦察方面的准备，在不久之后发动的九一八事变中起了重要作用。

◎ 军事部署

为了加强东北日军的作战力量和便于发动战争，日本军部进行了一系列调兵遣将的活动。

1931 年三四月间，日本军部将多门二郎中将所部第 2 师团调到东北，与驻东北的第 16 师团换防。因为第 2 师团的士兵大多数来自日本北部地区，适于在寒冷的气候作战。7 月 1 日，日本军事参议官会议决定：调一个师常驻东北，废止驻东北日军两年调换一次的制度，并在辽阳、旅顺、长春、沈阳、公主岭、海城等地派驻军队。此后，驻朝日军也得到重新部署，日本驻朝鲜第 19、20 两个师团奉命到中国边境图们江沿岸驻扎，以便在紧急时刻配合关东军的行动。

与此同时，日本陆军部人事变更频繁，一批亟于策划和发动侵华战争的好战分子集中到了陆军部：陆相南次郎、参谋总长金谷范三、教育总监武藤信义、次官杉山元中将、军务局长小矶国昭少将、军事课长永田铁山大佐、参谋本部参谋长二宫重治中将、第一作战部长建川美次少将、第二情报部长桥本虎之助少将、作战课长今村均大佐、中国课长重藤千秋大佐、欧美课长渡久雄大佐等。

8 月 1 日，日本军部任命本庄繁中将接替菱刈隆为关东军司令官。这位曾任张作霖顾问的“中国通”熟知东北的军政情况，由他挂帅发动一场侵略中国东北的战争，当是最好人选。8 月 18 日，另一位“中国通”土肥原贤二也被军部从天津特务机关长调任为奉天特务机关长，为日本关东军发动事变、武力侵占中国东北又添一得力干将。

除了调兵遣将，关东军在火力配备和作战演习方面的活动也在紧锣密鼓地进行着。

关东军在策划进攻沈阳的计划时，考虑到沈阳城墙比较坚固，用中小口径的火炮可能不利攻打，于是在 1931 年春向来东北视察的陆军省军事课长永田铁三大佐提出需要两门重炮。7 月，经日本军部批准，由东京运来两门口径 24 厘米的重炮。为掩人耳目，日军在运炮和安装过程中，采取了严格的保密措施，先将大炮尽可能地分解，以木箱装运，运到大连码头时，卸货日军一律穿上中国便服扮作搬运工人，将拆卸开的重炮谎称是棺材和石碑。到沈阳站时，又被直接卸到日本守备队的兵营内伪装隐藏起来。

▲沈阳城

为避免引起外界注意，安装重炮选在深夜 12 点到凌晨 3 点之间，而且在施工现场架起了一座 10 米见方的工棚，四周和顶部都用白铁皮掩盖起来，对外谎称修建游泳池。

大炮安装完毕后，把炮口直接对准了射击目标：驻扎中国军队的北大营和奉天飞机场。为了射击方便、命中率高，事先还对各种目标进行了计算，在大炮旁记下射击角度和各种设置，配合十分周密，即使实射时“闭着眼睛也能命中”。

九一八之夜，这两门大炮果然发挥了作用。

关东军的军事演习从1929年就不断升级，到1931年6月以来，军事演习就更加频繁了。这些演习都是按照作战方案的预定目标进行的，相当于实战预演。据不完全统计，从1930年10月到1931年7月，日军在沈阳等地军事演习共50余次，参加人数达7000余人次。

进入8月以后，日军的军事演习几乎是连续不断地举行：

8月4日，驻朝鲜日军越界过图们江，在中国境内施射水雷；

8月15日，驻朝日军到中国境内进行军事演习；

8月18日，驻沈阳军守备队在皇姑屯一带进行街市战斗演习，任意切断交通；

8月29日，驻长春、安东的日军越过满铁占用地界进行军事演习；

9月2—3日，日军每日在北大营附近的旺官屯、关帝庙、老瓜堡等地进行野外演习；

9月4—5日，日军先后举行包围东北兵工厂和沈阳城的攻击演习；

9月8日，日军公然在沈阳的北边门外架起机枪，作攻城演习，并在和堡大街进行巷战演习；

9月14—17日，日军在北大营一带连续进行实战演习；

9月18日……

演习终于登台变成了一出真戏。

◎ 筹措经费

侵略方案有了，军事力量有了，重枪炮也有了，可是进行

"活动"需要的钱从何而来呢？奉天特务机关每年机密费只有2000日圆，远不足用。关东军参谋花谷正把筹措5万日圆经费的任务拜托给了积极支持关东军行动的参谋本部俄国班长桥本欣五郎。

为了筹措"事变"所需的5万日圆经费，桥本欣五郎四处活动，费尽心机，最初找到三尾（政友会代议士），后又通过高桥、根岸向藤田谦一（当时因某事件被审问中）等筹集。还想与松尾忠二郎、万表喜藏（藤田、松尾、万表均为日本财阀）搭上关系，但是都没有成功。

1931年8月，正当桥本为筹措经费愁眉不展之际，获知参谋本部中国课长重藤千秋的外甥、原《东京日日新闻》报的社长藤田永，正计划支援其下属吉本三次郎30万日圆购置枪炮军械物资，占领中朝边界的间岛（即吉林省所属的延吉、汪清、和龙、珲春等地区，通称延吉地区）地区，建立一个缓冲地带，进行侵略中国东北的活动。于是桥本与重藤商量，决定同藤田开门见山地谈，希望从那30万日圆中借出一部分给关东军。

8月19日，重藤约藤田在一家饭店会面。重藤说："我们有一个比你大千倍的计划，希望你也参加，把你那笔钱拿出一部分给我们。"起初，藤田不肯答应，经重藤一再动员和劝说，藤田终于表示同意。高兴异常的重藤立即给中国课课员和知鹰二少佐打电话，要他速来，当面交给他2000日圆，并交代说："你马上请病假去满洲，告诉板垣大佐，经费问题已经解决，这2000圆是证金。另外，你把板垣计划的材料带回来，要在一周之内把此事办妥，事关机密，万勿让他人知道你的行踪。"

8月26日，和知从中国东北回来，带回了几张作战地图。

重藤与桥本研究之后，向藤田进一步说明了情况。藤田同意借款给关东军10万日圆。后来，这笔经费是由皇姑屯事件的策划者、现已成为日本浪人的河本大作送交关东军的。据河本回忆说："9月8日清晨，我在东京涩谷区园山家中接到参谋本部重藤大佐的电话，要我立即到参谋本部面见重藤。他拿出用纸包着的5万日圆，对我说，此事难以委托他人，特烦前辈代劳。要求我尽快乘飞机将此5万日圆亲手送交奉天特务机关辅佐官花谷正少佐。我因金额过大，恐携带不便，便询问重藤可否电汇。重藤表示，为保密起见，必须亲身携带。我预感到奉天可能正在策划某种行动，当即承诺，着手准备9日飞往奉天。"

9日晨，河本从东京出发，经大阪、福冈、汉城，到达新义州后，因天气原因飞机停飞，即改乘自安东始发的夜车。河本日夜兼程，于10日早晨到达奉天，把5万日圆亲手送交花谷正。花谷正向河本诉说了缺乏机密费等情况，对河本的帮助表示十分感谢。

据说，因在借款时重藤等人答应藤田，事成之后以十倍之数偿还。所以在九一八事变后，藤田索款未得，就威胁说：如果不还钱，就把事实真相向欧美国家披露。板垣、本庄等关东军头目一时拿不出这么多钱，恐怕真相泄露，只好硬着头皮求见支持关东军的日本陆相荒木贞夫，荒木从军部机密费中拨出100万日圆了结此事。

◎ 本庄繁视察

本庄繁接到调任书后，于1931年8月15日由东京出发，20日抵达旅顺上任。就职后，本庄先后听取了关东军参谋三宅光治的报告，石原参谋关于作战计划和解决“满蒙问题”的意见，张学良顾问柴山兼四郎（日人）和特务机关长土肥原贤二的有关东北形势的汇报，进一步摸清了关东军及东北的政势情态。9 月 1 日本庄繁在对部属的训示中说，近来“满蒙”形势日渐紧迫，我关东军责任重大，不可有一日偷安。9 月 3 日，他又说，“满蒙问题”最后解决的日子正在迫近，第一线部队要密切警惕周围的形势，一旦有突发事件，要有决心和准备抓住机会。关东军新任司令官本庄繁似乎已对解决“满蒙问题”胸有成竹。

从 9 月 7 日开始，本庄繁又以“例行巡视”为名，对日军第 2 师团和独立守备队进行了为期 12 天的检阅，由石原等九人随行。到达的地区有大石桥、海城、鞍山、连山关、沈阳、铁岭、公主岭、长春和辽阳等，其中在长春、公主岭、沈阳、辽阳的停留时间最长，而重点之重点则是沈阳。

▲任张作霖军事顾问时的本庄繁

本庄繁在“巡视”期间，对日本驻军的应变准备工作进行检查，观察各地的军事演习，并做战前的军事动员工作。9 月 13 日，本庄繁在长春视察时，对独立守备队司令官森连发出训示说：“据查最近盗匪猖獗，不仅妨害铁路运行，而且多次窥伺我附属地，实在令人忧虑。因此，对敢于轻视我军威严的不逞之徒，你们要采取断然措施，以求完成铁道守备任务，消除帝国侨民的不安之情。”按照条约规定，日军铁道守备队的活动范围仅限于满铁附属地，本庄繁的这个训示等于是动员日军铁道守备队非法越出附属地进行活动。

本庄繁“巡视”的最后一站是第2师团司令部的驻地辽阳。9月17日，本庄繁在辽阳对第2师团长发出训示：首先，奉天驻地司令官必须以最大的决心，采取断然措施，若遇与中国军队交战，由驻奉天部队统一指挥；其次，驻长春与辽阳部队对于增援奉天的准备工作尚可，唯有与铁路当局联络之事有待研究；再次，驻奉天部队的攻击城墙演习尚可。此外，他还对有关辽阳市街战，山炮、装甲汽车的训练，师团长、旅团长的指导，部队作战的士气等问题都作了具体训示。最后，他强调说：当有事件突发之际，各部队要断然采取积极行动，并要有必胜的精神准备。这次“训示”实际上是对日军备战措施检阅的总结和战前军事动员令。

本庄繁在视察期间，还多次观看了各地日军举行的军事演习。如9月14日长春日军的越出铁路附属地的演习，沈阳日军15日由第29联队、独立守备队、宪兵队、特务机关联合举行的攻打沈阳城墙的夜间演习，16日步兵第29联队的装甲汽车队和山炮队的演习等。

本庄繁视察是关东军“参谋旅行”的继续，也是对九一八前夕的关东军实力的一次全面考察，更是柳条湖事件的全面演练。正如事变后一位日军军官所说：九一八夜间的行动，使人“仿佛大梦初醒，这不是把白天的检阅重做一遍吗?!”

战争已箭在弦上。

柳条湖事件

◎ 阴谋败露

就在“满蒙危机”的叫嚣声中，在日本军部准备以武力侵占中国东北的时候，在日本蓄意制造了“万宝山事件”，又以“中村事件”为借口寻衅生事之机，在皇姑屯未逞其图的关东军的又一次蓄谋已经酝酿成形，将要付诸实施了。

早在1929年5月1日，关东军情报会议就作出决定：张作霖死后，日本解决满洲问题，除行使武力之外，别无选择。7月，关东军参谋部就开始拟订侵占中国东北的具体方案。在关东军参谋石原莞尔的主持下，一份《关于满蒙占领地区统治的研究》方案于1930年9月出台，提出一两年内占领东北的计划。参谋长三宅光治在审批该方案时，对石原说：“这个玩意儿以后能用上就好啦！”石原洋洋得意地回答说：“你签字就行，两年以后准能用上。”1930年11月，石原还把关东军准备占领“满洲”的意图透露给了前来视察的陆军省军事课长永田铁山。

1931年5月，以板垣征四郎、石原莞尔为核心，花谷正少佐（奉天特务机关辅佐官）、今田新太郎大尉（参谋本部中国研究员，公开身份是张学良的顾问柴山兼四郎的副官）等人参

▲关东军指挥部

与，开始秘密商议侵占中国东北的具体行动计划。6 月，板垣、石原一伙就确定了要在 9 月下旬炸毁沈阳北郊柳条湖附近的南满铁路，然后以迅雷不及掩耳之势出动军队，一夜之间占领沈阳，在各国尚未来得及干预之前，占领预定地区。石原等人还强调，在必要时要置中央命令于不顾而采取强硬行动。

为了在事变发生后获得“同情”和支援，关东军在 1931 年夏天曾两次有意向日本军部透露他们将在秋季动手的意图。6 月，花谷正在回东京期间，秘密向参谋本部情报部长建川美次、中国课长重藤千秋等人汇报关于关东军希望在秋天实行军部制定的《昭和六年度形势判断》中的规定计划，即武力占领东三省。建川、重藤和俄国班长桥本欣五郎表示赞同，其他如中国班长根本博、编制动员科长东条英机、参谋次长二宫、陆军省军务局长小矶国昭也都略晓一二，只字未提反对之意。花谷正提出关东军要求陆军省拨给攻城重炮的申请也在此次东京之行中得到批准。

8 月初，关东军参谋板垣征四郎在东京召开的师团长、军司令官会议上，向日本陆军首脑们汇报了关东军准备在“满洲”采取行动的计划。参谋次长二宫治重、陆军省次官杉山元和军务局长小矶国昭等都在座。驻朝鲜司令官林铣十郎应板垣的请求明确表示，当关东军处于危急之中，驻朝鲜日军一定给予支援，绝无二话。事实表明，日本军部已对关东军发动事变的计划采取了默认与合作的态度，为关东军在九一八事变后扩大事态给予了最为充分的支援。

关东军在做了一系列的军事演习和必要的军事侦察后，开始安装重炮、选拔合适人选，只待预定的 9 月 28 日来临，在柳条湖南满铁路实行爆破。关东军之所以把发动事变的时间定于 1931 年 9 月 28 日，其原因有二：其一是因为两门重炮在 9 月 10 日方才安装完毕，还需要一段时间教会临时炮兵的操作技术；其二是想等高粱地收割完毕，这样既可以防备“匪贼”潜藏在青纱帐内不易发现，又便于作战。

一切准备就绪。

但是，预谋的消息走漏了。

9 月 14 日，抚顺独立守备队队长川上精一在该地的紧急警备会议上宣布：抚顺守备队在万一的情况下，担负着奇袭奉天机场的任务。日本驻奉天总领事林久治郎得到这一情报后，预感到关东军将有所行动，遂立即电告日本外相币原曰：关东军正在集结军队，有于近期采取军事行动之势。

田中义一去世后，1929 年 7 月，以民政党总裁滨口雄幸为首的滨口内阁成立，币原喜重郎再次被任命为外相，继续奉行“协调外交”路线。1931 年 4 月，民政党新总裁若木规礼次郎再一次出马组阁，币原留任外相，直到 1931 年 12 月若木规内阁辞职。当币原听到关东军将要擅自行动时，担心可能会导致战争，危及其“协调外交”路线。所以，立即当面质询陆相南次郎有无此事。南次郎不敢掉以轻心，答称：“究竟事实如何，调查一下再说。”于是与参谋总长商议后，决定派作战部长建川美次前往东北，向关东军转达军部的意见：不同意在最近时期内发动事变，要求他们隐忍自重一年，然后再发动事变。

负责制定《昭和六年度形势判断》和《解决满洲问题方策》的作战部部长建川美次一贯致力于积极解决“满蒙问题”，是板垣、石原的坚定支持者。在6月间建川已从花谷正那里获知事变将要发生。所以他在9月15日从东京出发之前，就示意也一向主张武力侵占东北的俄国班长桥本欣五郎密电给关东军的板垣等人，令其提前行动。

9月15日，板垣接到了桥本自东京发来的三封电报，第一封说“消息已经泄露，必须立刻采取行动”。第二封说“必须在建川到达奉天之前坚决行动”。第三封说“不必担心国内，应坚决行动”。

▲日本传真的电报纸

板垣等人接到电报后，于 9 月 16 日上午在沈阳特务机关召集了有板垣、石原、今田、花谷正等人参加的会议，围绕着是否坚决执行既定计划的问题，商议对策，展开讨论。花谷正说：“假如建川是奉天皇之命而来，我们就将变成乱臣贼子，所以还是等建川到来之后再决定我们的行动吧。”今田不同意他的意见，坚持道：“既然计划已被泄露，我们还是在会见建川而又没泄气之前坚决执行计划为好。”因双方争执不下，一时难以拿出决议，这伙强盗就用猜拳的方式来决定采取哪一个意见更佳。最后，决定姑且听从花谷正的建议。但是，第二天今田又找到花谷正，仍坚持己见，在见到建川之前按原定计划实行。花谷正终于同意，并毛遂自荐由他去说服建川。就这样，花谷等人商定把行动提前到 9 月 18 日夜间。并把决定传达给了具体执行任务的川岛大尉、名仓、小岛少佐：“18 日动手已经定下来了。小岛，你们大队的任务是连续出击，要一夜之间攻占奉天城。川岛攻下北大营即可。”

建川于 15 日从东京出发，18 日下午抵达本溪湖车站，同前来迎接的板垣乘车到达沈阳车站。花谷把建川安排到菊文饭店，并有意试探他对关东军发动事变的反应，发现建川似乎并没有制止关东军行动的意思。所以花谷又放下了一大部分担心，激动地等待夜晚的降临了。

◎ 九一八之夜

1931 年 9 月 18 日的夜晚，一弯朗月高悬中天，繁星点点。庄稼地里高粱顶着沉沉的穗子，等待着农人的收割。天地间万籁俱寂，静谧如常。

然而，关东军独立守备队第二大队第三中队队副河本末守中尉却无心观赏夜景，他知道今天晚上的任务非同寻常，不得不小心从事。待天黑定了，他就带着六名士兵，来到东北军驻地北大营南面不足 500 米处的柳条湖，诡秘地把 42 包小型黄色炸药设置在南满铁路的道轨上。10 点 20 分，河本点燃了导火线，只听“轰”的一声巨响，东侧道轨接头处约有 1.5 米的钢轨被炸弯，两根枕木被毁，损害轻微，其爆炸规模与皇姑屯炸死张作霖那次无法相比。因为这次爆炸只作为进攻北大营的信号和发动战争的借口，而不能危害满铁列车通过，所谓醉翁之意不在酒。所以在爆破前让工兵作了计算，直线单面铁轨即使炸断一小段，高速行驶的列车稍微倾斜一下，还可以安全通过。最后，由今田大尉根据调查所得的安全长度，配置了所需要的炸药数量。

▲诬称中国军队炸毁的铁路

20 分钟后，一列从长春开来的列车安然驶过爆炸点，准时抵达沈阳车站。

河本见爆炸成功，立即用随身携带的电话机将所谓满铁路线被炸的消息，通知奉天特务机关和大队本部。这时埋伏在爆破地点以北 4 公里处文官屯的川岛中尉，立即率兵南下，开始进攻北大营。

9 月 18 日夜 11 时 18 分，关东军参谋、奉天特务机关辅助官花谷正少佐，以特务机关长土肥原（当时在东京）的名义，给关东军参谋长三宅光治和日本陆军大臣南次郎发出了第一封电报，内称：

18 日午后 10 点半左右，于奉天北面的北大营两侧，暴虐的中国军队破坏我南满铁路，袭击我守备队，同赶赴现场的我守备队某部发生冲突。

零时 10 分，花谷正又发出第二封电报：

北大营的中国军队炸毁南满铁路，其兵力有三四个连，现已陆续逃回营房。我虎石台中队于 11 时许，在与北大营之敌军五六百人作战中，已将该营之一角予以占领，而敌仍在不断增加机关枪和步炮，我连队目前在苦战中。

19 日凌晨 1 时左右，花谷正又发出第三封电报：

根据上述情况，先遣参谋板垣分别作了如下部署：（1）第 2 独立守备大队扫清北大营之敌；（2）第 29 步兵连队攻奉天城；（3）第 5 独立守备大队从北面攻北大营，并接受第 2 独立守备大队队长的指挥；（4）要求第 2 师团以主力支援。

就这样，日本统帅中枢参谋本部在千里之外，听由关东军依着他们自己编造的谎言，发动了侵略东北的战争。

◎ 北大营失守

北大营位于沈阳城北约 5 公里处，东距东大营约 10 公里，西距南满铁路约 300 米，距柳条湖不足 500 米，整个营地占地约4000平方米。营地中间是大操场，西、北、东三面是营房，南卡字门东侧建有一座迫击炮弹药库。大营四周是2米高的围墙，围墙外挖有2米深、3米宽的壕沟，夏季雨水流入沟内，形成了天然的“护营河”。

▲北大营

北大营是东北军王以哲第7旅驻地，有官兵万余人。第7旅的绝大部分军官毕业于各种正规军校，士兵基本上具有小学以上文化程度。全旅官兵的素质较好，轻重武器配备也比较精良，是东北军中的一支劲旅。但由于受蒋介石“不抵抗”政策的影响，广大官兵战斗意志松懈，对日军近来咄咄逼人的挑衅态势只是笼统地作出了一个“衅不自我开，作有限度退让”的对策，而无具体有效的应变措施，所以对于日军的这次突然袭击毫无准备。结果，就在18日当夜，旅长王以哲彻夜未回北大营，三名团长也有两名归宿家中。

9月18日夜10时25分，爆炸声刚过，日本设在守备队营区内的24厘米口径的大炮，开始发炮轰击北大营、东大营和兵工厂，隆隆的炮声震动全城。与此同时，埋伏在北大营围墙外面的日本独立守备队第二大队的步兵在炮兵掩护下，以坦克开路，向北大营发起攻击。

第7旅官兵面对日军的步步紧逼，不知所措。参谋长赵镇藩几次电话请示东北边防军参谋长荣臻和旅长王以哲，均以“不准抵抗，不准动，把枪放到库房里，挺着死，大家成仁，为国牺牲”和“这是命令，如不照办，出了问题，由你负责”作答。第7旅官兵虽然进入预定阵地，但因有令在先，无人敢还击。

11时，日军炮毁1营营房。11时30分，日军守备队第二大队占领北大营西北角。19日凌晨2时许，日军突入营垣，肆无忌惮地屠杀奉命“不抵抗”的中国士兵。面对如此惨烈的场面，第7旅官兵们“各持枪实弹，怒眦欲裂，狂呼若雷，群请一战”。但得到的回答仍是“不准抵抗”。士兵们有的抱枪痛哭，有的挥拳击壁，就是不能还一矢一弹，其状之惨，不忍目睹。

在坚守不能、救援无望的情况下，第7旅部分官兵不愿引颈就戮，违抗“不抵抗”命令，砸开库房，取出枪支弹药，奋力还击。一些死守“原地待命”的士兵，果然就被日军用刺刀活活挑死在床上。冲出来的，日军也不放过，必置之死地而后快。

第7旅参谋长赵镇藩再次请示荣臻，得到可向东移动的指示。这样，第7旅官兵在参谋长赵镇藩、620团团长王铁汉指挥下，由南北两面出击，一边掩护非战斗部队，一边向东山嘴子撤退。

19日凌晨5时30分，日军占领了北大营，将中国军队遗留下的军械、子弹、钱款悉数掠去，最后纵火焚毁了东北军十余年来苦心经营建筑的唯一兵营。

▲战后成为一片废墟的东北军北大营

◎ 沈阳陷落

9 月18 日夜10 时40 分，驻在沈阳的日本关东军步兵第29 联队队长平田幸弘大佐接到岛本大尉的电话，要他立即命令部队紧急集合，做好出动的准备。19 日零时 50 分，第 29 联队按照板垣的命令，分三路向沈阳进攻。第一、二路日军进攻北市场和南市场，第三路日军进攻沈阳城。

为了配合日军进攻沈阳，本庄繁命令沿满铁线日军迅速向沈阳集结。从 19 日凌晨 1 时至 8 时，从抚顺、辽阳、铁岭、本溪、鞍山、海城、四平街、旅顺、公主岭等地共发出 13 列军车，直达沈阳，加强了攻占沈阳日军的力量。

当时在沈阳城的 1.5 万名警察因接到“不抵抗”的指示后，意志松懈，思想麻痹，加之事发突然，毫无防备。故第一路和第二路日军几乎没有遇到丝毫抵抗就占领了南、北市场。

▲1931 年 9 月 19 日，九一八事变的第二天，日军在沈阳外攘门上向中国军队进攻。

进攻沈阳城的第三路日军自 19 日凌晨 3 时起攻击小西门，4 时，日军由城西南角登墙入城。敌人一面包围警署，一面割断电线，占领电话局、有限电台、无线电台，致使所有电报电话全部被破坏，内外消息全部断绝。随后，小西门被打开，日军大批步兵及装甲车蜂拥而入。日军从小西门进城后，四处鸣枪扫射，攻击警察局所，迫使奉“不抵抗”之命的警察与宪兵缴械。就这样，日军又是弹矢未费地顺利攻进沈阳城内。敌人先后迅速占领重要军事机关、党政司法机关、交通通讯机关和各个学校、社团组织等。到 19 日早 6 时 30 分止，日军侵占沈阳城。

占据沈阳城的日军烧杀抢掠，无所不为。市区街道上，日军坦克、装甲车、汽车、运兵车横冲直撞，凡见市内有着警服者，一律格杀勿论，妨碍日军行动者，全部枪毙，无辜百姓惨遭屠杀，许多人头被挂在日军的布告上面。东北最繁华的城市在日军的践踏下，一夜之间变成人间地狱。

张学良无奈远走欧陆

◎ 蒋介石“不抵抗”酿恶果

自从 1927 年 4 月 12 日，建立南京国民政府时起，蒋介石就一面宣布把所谓“平定内乱”作为“头等职责”，一面与日本帝国主义达成默契，对日本的侵略行径采取妥协退让政策。

1927 年 10 月，蒋介石由张群陪同访日，与日本首相田中义一、陆军大臣白川义则、参谋总长金谷范三、参谋次长南次郎分别举行密谈，并与之达成“圆满的谅解”，其中包括“中国承认日本在满洲的特殊地位和权益”。回国后，蒋介石在会见新闻记者团时表示：“我们不能无视日本在满洲的政治及经济利益。”

1928 年日本为保住其在中国东北的“特殊权益”，阻止北伐军继续北上，悍然出兵山东。自 5 月 3 日起对济南城和济南人民进行了大肆劫掠和残酷屠杀，被杀害的军民达千人以上。一时间，繁华的商埠顿成一片瓦砾。然而，为了完成“北伐大业”的蒋介石却置济南人民生命财产于不顾，命令大部分国民军撤出济南城，绕道北上，并令留下的两个团“约束士兵，不准开枪还击”。

与此同时，蒋介石南京政府对于“剿共”则不遗余力。1930 年 12 月，蒋介石在南昌召开会议，对红军革命根据地发动第一次“围剿”。又于 1931 年 2 月和 6 月连续发动两次“围剿”。

从 1931 年夏开始，日本关东军不断挑衅，制造发动战争的借口。万宝山事件发生后，蒋介石于 7 月 11 日电训张学良：日本非常狡猾阴险，但是现在并非抗日之时，希望你能督饬东北军，不要使民众发生“轨外行动”。所谓“轨外行动”不过就是拿起枪炮同侵略者抗争的意思而已。

紧接着蒋介石又于 7 月 23 日在南昌发表“告全国同胞一致安内攘外”书，声称“攘外应先安内”，仍然要以“剿共”为第一要务。

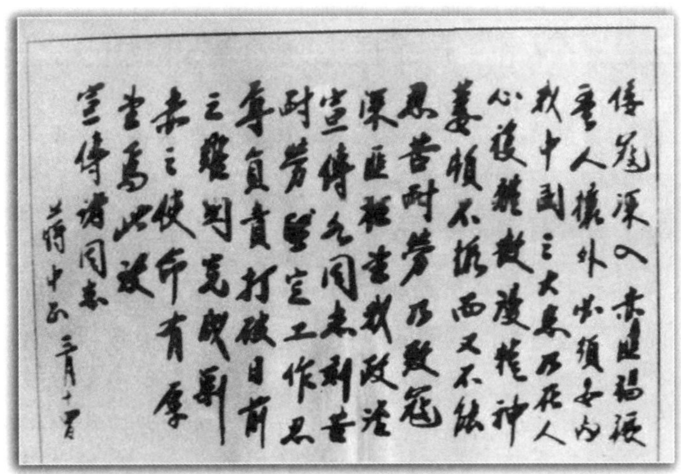

▲1932 年蒋介石写的攘外必先安内手令

8 月，日本又以中村事件大做文章。蒋介石给张学良发出电报，内称：“无论日本军队次后如何在东北寻衅，我应予不抵抗，力避冲突。望兄勿逞一时之情，置国家民族于不顾。万望遵照执行。”8 月22 日，蒋介石又宣称：“我们亡于帝国主义，还能当亡国奴，尚可苟延残喘，若亡于共产党，则纵为奴隶，也不可能。”

9 月1 日，就在日本帝国主义磨刀霍霍，积极部署武力侵占中国东北事宜时，蒋介石还在公开宣布：中正（蒋介石的字）不改初衷，仍将全力剿共，不计其他。

9 月12 日，蒋介石特意赶赴石家庄，面谕张学良：“最近获得可靠情报，日军在东北马上要动手，我们的力量不足，不能打。我考虑到只有提请国际联盟主持正义，和平解决。我这次和你会面，最主要的是要你严令东北军，凡遇到日军进攻，一律不准抵抗。如果我们回击了，事情就不好办了，明明是日军先开衅的，他们可以硬说是我们先打他的，他们的嘴大，我们的嘴小，到那时就分辨不清了。”及至事变爆发，蒋介石在 9 月21 日发表的“告全国军民书”中仍然强调“沉着冷静，信任国联之公理处理。希望全国军民避免对日冲突”，继续“攘外必先安内”和“不抵抗”政策，寄希望于国联。

蒋介石之所以推行“不抵抗”政策，其根本原因就在于，他认为对于中国而言，帝国主义无非是争夺一些“权益”而已，而共产党则要推翻他的政权，建立无产阶级政权，所以只有他们才是主要的、可怕的敌人，是不可以容忍丝毫的，必须置之于死地。此外，蒋介石不相信中国具备战胜日本帝国主义的实力，他总认为：“枪不如人，炮不如人，教育训练不如人，机器不如人，工人不如人，拿什么和日本打仗呢？”“若抵抗日本，顶多三天就亡国了。”结果，东三省就这样陷于日本之手。

◎ 九一八之夜的张学良

1930 年 3 月，阎锡山、冯玉祥组成讨蒋联军，向蒋介石发动军事进攻，上演了中国现代史上规模最大、时间最长的一次新军阀混战——中原大战。

中原大战爆发后，东北军张学良的立场具有举足轻重的作用。若从阎、冯反蒋，则倒蒋更易；若从蒋反阎、冯，则后者失势加速。9 月 18 日，张学良发出“拥护中央，呼吁和平”的通电，率东北军向关内进发，助蒋介石一臂之力，中原局势因此发生急剧变化。10 月，阎、冯发出停战通电，中原大战结束，讨蒋联军以失败告终，张学良以陆海空军副司令之职坐镇北平。

▲七万东北军入关，中原大战落幕。

1931 年 7 月，军阀石友三在日本策动下，发动反对张学良的叛乱。为了平息这次叛乱，张学良又调东北军四个旅的应援部队入关，大批武器弹药及其他军用物资也自东北源源不断地运往关内。当时，东北军二十四个步兵旅中的十六个装备精良而富有战斗力的旅已有十二个旅调入关内，骑兵五个旅调两个入关，炮兵三个旅则全部移驻北平和天津。无怪乎东北军将领对于抽调如此多的兵力打石友三作了这样的评价："东北军为了讨伐石友三，不但把棍子拿了出来，而且连笤帚疙瘩都拿出来了。"其结果造成东北边防空虚，为日本发动九一八事变提供了可乘之机。

张学良因患重伤寒病，自1931年5月28日起入住北平协和医院治疗，直到9月上旬，病始痊愈。但因身体过于虚弱，仍在协和医院疗养。在此期间，日本企图发动事变、武力侵占东北的阴谋已日有显露，如增兵朝鲜、改置东北日军的常驻师团、更换朝鲜总督等。中村事件后，面对东北岌岌可危的局势，张学良也曾发电报给蒋介石，希望他能做抗日军事准备。电文称："东北之安全，非武力无以确保，日本即一意对外，我方亦应有所自省。"又电："日本开始其大陆政策，有急侵满蒙之意，已无疑问；无论对手为中国亦或苏联，事即关系满蒙存亡，吾人应早为计。"

但蒋介石所奉行的"不抵抗"方针和"攘外必先安内"的政策，使他一再以"剿共"为先，声称"剿匪戡乱就是抗日御侮的初步"。数次电告张学良"力避冲突"，"暂不抵抗"。就这样，张学良在蒋介石的一再督促和申令下，改变抗日初衷，成为蒋介石"不抵抗"命令的忠实执行者。

1931年8月，沈阳局势紧张，驻扎在北大营的第7旅旅长王以哲请示张学良调回布防在关内的部分东北军，以防日人图谋不轨。张学良向他传达了蒋介石"不抵抗"的命令，要他遇事退让，在军事上要避免冲突。

9月6日，张学良又根据蒋介石的指示，电令辽宁省代主席臧式毅和东北边防军长官公署参谋长荣臻："现在，日方外交渐趋吃紧，应付一切亟宜力求稳慎。对于日人，无论其如何寻事，我方务须万方容忍，不可与之反抗，致酿事端。即希迅速密令各属切实注意为要。”

9 月15 日，张学良又向东北边防军司令长官公署副处长李济川再次重申蒋介石的“不抵抗”命令：“东北外交总的方针是和平解决，不能酿成军事行动。我们能解决的就解决，不能解决的由中央负责。”

9 月18 日晚，身体渐佳的张学良偕夫人于凤至和赵媞小姐来到北平中和戏院，观看著名京剧表演艺术家梅兰芳主演的精彩剧目《宇宙锋》。演出正酣，张学良的随从副官忽然跑过来报告说，沈阳有长途电话过来，甚为紧急，需张学良亲自去接。张学良听罢，立即返回协和医院，接通参谋长荣臻的电话，只听荣臻报告说：“驻沈阳南满站的日本联队，突于今晚10 时许，袭击我北大营，诬称我方炸毁其柳河沟铁路路轨，现已向省城进攻，我方已遵照蒋主席的指示，不予抵抗。”张学良令其随时报告沈阳方面的情况。但后来因日军攻占沈阳，切断电话线路，沈阳与外界通信中断，张学良与荣臻的联系也从此中断。

18 日午夜，张学良立即召集东北军重要将领戢翼翘、于学忠、万福麟、鲍文越等，召开紧急会议。在东北情况如此紧急的时刻，张学良仍然专心致志地奉行蒋介石的“不抵抗”方针，他在会上说：“日人图谋东北，由来已久，这次挑衅的举动，来势很大，可能要兴起大的战争。我们军人的天职，守土有责，本应和他们一拼，不过日军不仅一个联队，它全国的兵力可以源源而来，绝非我一人及我东北一隅之力所能应付。现在我们既已听命于中央，所有军事、外交全国整个问题，我们只应速报中央，听候指示。我们是主张抗战的，但须全国抗战，如能全国抗战，东北军在最前线作战，是义不容辞的。这次日本军队挑衅，又在柳条沟（湖）制造炸毁路轨事件，诬称系我方的军队所为，我们避免冲突，不予抵抗，如此可证明我军对他们的进攻，都未予以还击，更无由我方炸坏柳条沟（湖）路轨之理。总之这次的事件，勿使事态扩大，以免兵连祸结，波及全国。”各将领亦以张学良主张为然。

事变发生的第二天，张学良就在接受天津《大公报》采访时公开说明：“我早已命令东北军的军官，对日兵挑衅，不得抵抗。”

20 日，张学良又向外国记者宣称自己对此次事变的主张，即中国军警对日军进攻不得抗拒，须将子弹存入库房，不作报复行动。

以后两三日，张学良又连续召集东北外交委员会、东北高级官员及平津各界名流召开紧急会议，咨询、磋商东北问题。出席会议的诸位仁人也均以依靠国联、听命中央为是。

其间，蒋介石再密电张学良，指示：“沈阳日军行动，可作为地方事件，望力避冲突，以免事态扩大，一切对日交涉，听候中央处理可也。”

23 日，张学良再次密电东北军政当局：避免冲突，向安全地带退避，以期保全。

就这样，由于张学良的三令五申，蒋介石的“不抵抗”方针完全贯彻到东北军的各个部队之中，导致广大官兵思想的极大混乱。事变前，官兵思想麻痹，抗敌御侮意识薄弱，对日军毫不戒备；而在事变之后，则使军队的指挥中枢失灵，东北军成为一盘散沙，大部分的军队溃退不堪，陷于被动挨打的窘困境地。东北沃土一日失地千里，几个月之内即沦入日本帝国主义的魔爪之中。

▲东北军丢弃的兵营中炮衣都没有摘掉的大炮

◎ 张学良替罪下野

从柳条湖狼烟突起，一日之间日军攻陷北大营、占领沈阳，继而攻城略地，无所不为，在不足五个月的时间里，完全占领东北三省。其速度之快，令人瞠目！

原因何在？责任归谁？

九一八事变后，全国人民群情激奋，纷纷谴责“不抵抗”主义，强烈要求张学良抗战救国。12 月 5 日，忠君爱国的张学良致函北平各学校，仍称“学良服从中央，忍辱负重，不求见谅于人，只求无愧于心”，继续遵行蒋介石的“不抵抗”政策。12 月 15 日，蒋介石迫于全国人民的舆论压力，辞去国民政府主席兼行政院长的职务。同日，张学良也辞去陆海空军副司令之职。

东北沦陷后，全国舆论哗然，举国上下愤懑已极，强烈要求追究有关人员的责任。忠实地执行蒋介石“不抵抗”政策的张学良被戴上了“不抵抗将军”的头衔，东北军也成了

“误国军”。虽然，张学良身为东北当局的最高军事指挥官，守土有责，但是他的忠君思想，对国联不切实际的幻想，以及对日本帝国主义侵略中国缺乏深刻的认识，都使他一味盲目地追随蒋介石的“不抵抗”政策。

但是，张学良也有他的难言之隐。西安事变前，张学良曾公开袒露过心曲，他说：“自从失掉东北三省，全国人民无论男女老少，无不骂我张学良，我何尝不敢打日本强盗呢？上级不许我打，这种隐痛是一时不能对人说的。”由此可见，张学良虽然对蒋介石的“不抵抗”政策采取了基本执行的态度，但是他抗日的决心并没有泯灭。在日本攻占东北期间，张学良就经常用自己的实际行动对坚持抗日的人们给予不同形式的或明或暗的声援和支持。他先后主持建立了东三省抗战政权，支持马占山江桥抗战，固守锦州，并为各抗日团体在财力物力上鼎力相助。

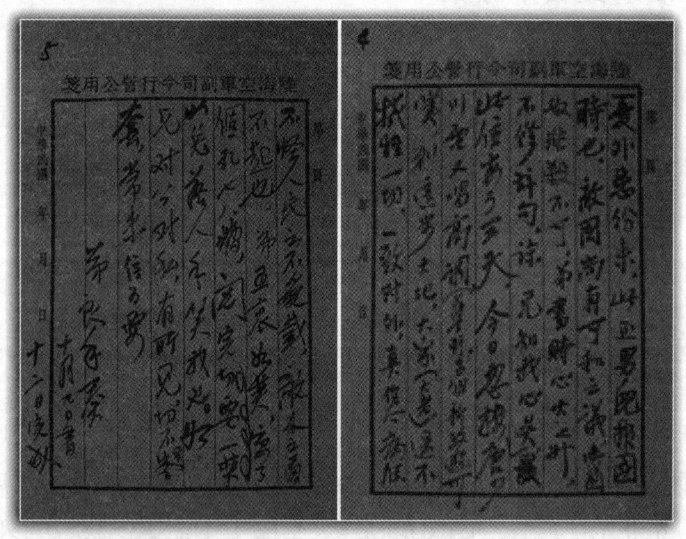
陆海空军副司令行营公用笺

陆海空军副司令行营公用笺

▲浙江省档案馆保存的张学良写于 1931 年 10 月 9 日至 12 日的信，信中流露出他对“不抵抗”政策的无奈。

“不抵抗”使日本得寸进尺，国联的无能则使日本的侵略不断扩大，东北三省已然陷入虎口。残酷的现实终于使张学良幡然醒悟。1932 年 2 月 9 日，他给南京政府的通电中称：1931 年 9 月 18 日危机刚刚爆发之际，因考虑到其他强国能主持公道，维持和平秩序，我忍辱负重，向国联呼吁救援，希望以此能得到公正和正义的结果。结果事实并非如此，日本还在侵犯我们的领土。我们相信正义，可我们越是委曲求全，他们越是得寸进尺。现在我们忍耐力已到了极限，武力是自卫的唯一武器。

1933 年元旦，日本侵略军急于进攻华北，开始策划攻取华北的屏障热河。张学良抗战心切，当即向南京国民政府报告，并作了积极的抗战部署。不料，热河一战，东北军又溃。张学良不甘失败，旋又组织兵力，准备反攻热河，但被蒋介石阻止。热河失守，华北门户洞开，蒋介石和张学良再次成为众矢之的。

1933 年 3 月 8 日，张学良通电南京政府辞职。第二天，他在保定与宋子文谈话时说：“蒋先生认为热河失守之后，我守土有责，受到全国人民的攻击。中央政府更是责无旁贷，他首当其冲。正如两人同乘一只小船，本应同舟共济，但是目前风浪太大，如先下去一人，以避浪潮，可免同遭沉没；将来风平浪静，下船的人仍可上船。若是互守不舍，势必同归于尽，对自己对国家皆没有好处。”并明确告诉宋子文，“当然我先下去”。张学良希望牺牲自己，平息国怒。

求之不得的蒋介石在张学良作了下野表示后，亦赶至保定，与张会晤，同意张学良辞职。

3 月 10 日，张学良回到北平，心情极为沉重，他说：“从国家民族的利益出发，大家说我不抵抗，我不想辩解，但下野以后，这个罪名要背到哪天呢？”可见其内心苦楚与无奈。

1933 年 3 月 11 日，张学良发表下野真电，表示始终以巩固中央、统一中国为职志。声称此次下野是“效忠党国，巩固中央之最善方法”，以谢国人。

1933 年 4 月 11 日，张学良携妻眷踏上了开赴意大利的游轮。

就这样，张学良代人受过，暂避锋芒，开始了漂泊的留洋生活。

日军铁蹄践踏东北

◎ 关东军倾巢出动

柳条湖事件发生后，日本内阁在 1931 年 19 日上午 10 时召开紧急会议，决定采取“不扩大事态”的方针。但关东军不肯放弃“良机”，本庄繁几次来电声称：“现在是解决满蒙问题之绝好机会，今日我军如果退缩，以后再想解决满蒙问题将成为绝对不可能之事。”大有不解决满蒙问题誓不罢休之势。而实际上，日本内阁的“不扩大事态”方针具有极大的虚伪性和欺骗性。首先，日本陆军省和参谋本部对关东军的行动已心存默契，不会发出制止其扩大行动的命令。其次，若木规内阁和币原外相等政府首脑又优柔寡断，没有及时采取措施阻止关东军的侵略行动。所以，日本关东军的侵略行径就在“不扩大事态”方针的幌子下径自扩大起来。

关东军第一期作战计划分为四步：第一步制造柳条湖事件；第二步攻占沈阳城；第三步在攻占沈阳城的同时，占领营口、安东、凤凰城等南满铁路沿线的重要城镇；第四步占领长春。

在进行攻占北大营、沈阳的同时，关东军开始实施第一期的后两步作战计划。19 日凌晨 2 时左右，关东军司令官本庄繁发布占领南满铁路重要城镇的命令。

安东（今丹东）是安奉路的起点，与朝鲜仅一江之隔，是东北的边陲门户，国防要冲。19 日晨 5 时，日军独立守备队 200 余人侵入安东市。维持治安的警察部队已接到“不抵抗”的命令，故未加反抗即被全部缴械，机关、衙署被日军占领。

▲日军占领安东

驻守在安奉线另一重镇凤城县的辽宁省防军陆军步兵第一团团长姜全我于 19 日晨 7 时日军袭击团部时，率部投敌。凤城县被拱手相让。

19 日上午 8 时，驻大石桥的日军独立守备队第四中队进入营口市内，占领了东北驻军的营房，600 余名中国守军全部被解除武装。无线电台、机关、银行和车站先后被日军占领。

同一天，日军还相继占领了安奉、北宁沿线的抚顺、本溪、鞍山、海城、辽阳等城镇。满铁沿线的重要城镇在不到两天的时间内即被日军占领。

与此同时，长春也在日军的觊觎之下。长春是南满路与中东路的交接处，是吉林省的南大门，战略地位十分重要。占据长春，就可以东逼吉林市，西图洮南，北取哈尔滨。所以，驻长春的日军司令官在关东军司令部的部署下，于 9 月 19 日凌晨 3 时 55 分下达了对长春进行总攻击的命令。

日军兵分两路，向长春南、北两侧的南岭和宽城子的中国军队发起进攻。南岭位于长春南约 6 公里处，驻有中国守军，是长春的南大门，它成为日军攻击的第一个目标。由于中国守军毫无防备，当日军兵临城下时，中国士兵刚刚起床，只能是仓促应战，中国炮兵 1、2、3 营相继落入敌手。上午 10 时，日军攻下炮兵营后，向中国步兵营和机关枪营发起进攻，中国军队被迫还击。双方经过五个多小时的激烈近战、肉搏战，于下午 3 时日军又占领步兵营，南岭全部沦入敌手，长春南大门失守。

长春北大门宽城子也于 19 日晨 4 时 50 分遭到日军攻击。上午 11 时 10 分，中国军队撤出阵地，宽城子兵营尽陷。

在护城屏障南岭和宽城子被日军相继占领后，长春于 19 日下午 1 时被日军攻破。随后吉林省防军在“不准抵抗”命令下被全部缴械，日军仅以 10 小时的时间就攻占了长春市。

▲日军以三门山炮炮击宽城子兵营

长春既陷，吉林省城吉林市也将不保。9 月 21 日凌晨，本庄繁在关东军幕僚会议上决定开始东取吉林、北攻哈尔滨的第二期作战计划。是日晨 6 时 30 分，日军向吉林市进犯。9 时 50 分逼近吉林市。

与此同时，代理吉林省军政大权的熙洽于 20 日下午 1 时至 21 日上午 11 时 40 分就命令中国军队退出省城。21 日，熙洽又遣人出城迎接日军。22 日，他又向奉命退出城外的中国军队下达缴械的命令，还厚颜无耻地说，有抗拒者，将遭到日军攻击。就这样，熙洽卖国投敌，日军兵不血刃，占领了吉林市。

从 22 日到 24 日，日军兵分数路向吉林省各地进军，吉林省的大部分河山落入日寇之手。

◎ 夺取江桥　黑省被占

日军侵占吉林市后，暂时绕过哈尔滨，进犯黑龙江省，开始第三期作战计划。黑龙江省位于东北的最北部，北隔黑龙江与苏联相望，东南与吉林省接壤，中苏共管的中东铁路横贯省区东西。由于黑龙江省地处日本势力范围之外，日军恐怕直接出兵，容易与苏联发生冲突，所以就怂恿叛国投敌的洮辽镇守使张海鹏伪军向黑龙江省发动进攻，期望达到不战而取黑龙江的目的。

张海鹏原是奉系军阀元老之一，因向张学良谋黑龙江省主席未成，便心怀不轨，早与日本有勾结。柳条湖事件发生后，张海鹏索性投降日本，脱离东北军政当局宣布独立，自任“东北保安边防总司令”。在日本的帮助下，张海鹏开始购置枪弹，秣马厉兵，扩充军队，增强实力。

为了加强黑龙江省的防务，张学良任命黑河警备司令兼步兵第 3 旅旅长马占山，代理黑龙江省政府主席兼黑龙江省军事总指挥。马占山接到任命后，为防备日军进犯黑龙江，令第 3 旅开赴齐齐哈尔附近待命。张海鹏闻讯，加快了侵犯黑龙江省的步伐。10 月 13 日，张海鹏率部向嫩江桥一带集结。

嫩江桥位于洮昂铁路的中段，是通向黑龙江省省城齐齐哈尔的咽喉，因此驻有重兵把守。16 日拂晓，张海鹏部抵达嫩江桥南端，向黑龙江省军队发起猛烈进攻。守桥驻军开始还击，经过激烈战斗，张海鹏部溃败，所余残部狼狈逃窜。为阻敌再犯，江桥驻军将嫩江桥的三个桥孔炸毁。

▲马占山

日本关东军见依靠张海鹏无望，决定以修复嫩江桥为名，直接出兵进占黑龙江省。日本驻沈阳总领事馆在向日本内阁的报告中就明确地说过：“修复铁桥仅是一种借口，即便修复完毕，又将在保护当地侨民的借口下拒绝撤兵。”

10月27日，日本向马占山提出要求，限其一周内即11月3日前修复嫩江桥，否则，日军将以武力为掩护自行修理。马占山未予理睬。11月3日，满铁在日军保护下开始修桥工程。掩护修桥的日军占据了江桥南岸有利地势，做好了进攻准备。上午11时，日军在装甲车、飞机的掩护下，突然向江桥中国守军发起猛烈进攻，打伤黑龙江省驻军七名士兵，两小时后退去。

4、5、6日三天，日军连续向嫩江桥中国守军阵地发起进攻。全体官兵在马占山的亲自指挥下，奋起抵抗，沉着应战，多次迫使日军后退。但因日军增援及时，攻势猛烈，迫使马占山部撤退到三间房。三间房靠近洮昂铁路终点，南距嫩江桥25公里，北离齐齐哈尔35公里，是黑龙江省省城的最后一道防线，马占山率部于此再设防线。

▲进犯黑龙江的日军在嫩江桥遭到黑龙江步兵第3旅旅长马占山部顽强抵抗

为了一举攻下黑龙江省，日军占领嫩江桥后，在此集结了1.3万人的兵力。11月17日午后1时，关东军司令部下达正式命令，定于18日拂晓向三间房中国守军阵地发起进攻。翌日，日军万余人兵分三路同时猛攻守军阵地。马占山亲临前线指挥战斗，鼓舞士气。但终因敌人以飞机相助，守军阵地无以为屏，致使伤亡惨重，战斗力极大削弱。6时15分，马占山在弹尽粮绝又无后援的情况下，命令黑龙江省军队撤出阵地，三间房亦陷敌手。

嫩江桥、三间房作为省城齐齐哈尔的保护屏全部被日军占领，故中国军队已无险可恃。18日下午7时，日军骑兵部队侵入齐齐哈尔南部。20日，日军大部队开进省城，占据黑龙江省各机关衙署。随后，日军以此为据点，沿呼海、齐克、哈满三条铁路线继续深入，攻克黑龙江省大部分地区。

◎ 锦州被占　掠夺东省

锦州是辽西重镇，为北（平）宁（沈阳）、锦（州）朝（阳）两铁路的交会点，是通往关内的咽喉要道，战略地位十分重要。因此，日军在占领齐齐哈尔、解除北顾之忧后，就把第四期作战计划即进攻锦州提上日程，决定以此为突破口，夺取整个辽西地区。对于日军而言，夺取锦州和占领辽西，不仅能巩固日本对东北的占领，而且也为进一步侵占热河、进入关内取得了重要前沿阵地。

柳条湖事件之后，原本就很坚固的辽西防务得到进一步加强，兵力总数由事变前2.2万人增至3.3万人左右。9月23日，张学良发出通电，将东北军政指挥中心西迁，在锦州设立东北边防军司令长官公署和辽宁省政府行署，以张作相代理边防军司令长官，米春霖代理辽宁省政府主席。9月底，两署开始在锦州办公。决意占领中国东北全部土地的日本关东军当然把它视为眼中钉，狂妄叫嚣："在满蒙决不容许锦州政权以及旧政权的任何人存在，对其军队一定要讨伐。"

1931 年 10 月7 日，日本关东军司令官本庄繁下令轰炸锦州。8 日，关东军参谋石原莞尔下达了轰炸锦州的作战命令，目标是省政府办公驻地交通大学、28 师兵营、火车站、张作相公馆等处。当天日军投下 25 公斤的炸弹 75 枚，省署、学校、车站等均被炸毁，炸死 36 人，重伤 21 人。此后，日机轰炸辽西不断。

▲日军轰炸锦州的十一架飞机，有六架就是这种八八式侦察机。

同时，日本关东军还指派汉奸凌印清为"东北自卫军总司令"，组织伪军，袭扰辽西各地，企图以维持治安为名"名正言顺"地出兵辽西。但由于凌印清伪军被锦州地方当局剿灭，关东军阴谋没有得逞。

11 月，关东军以土肥原贤二策划的两次"天津暴乱事件"(1931 年 11 月8 日晚，由日本浪人及汉奸组成的便衣队突然袭击华界，与中国军警发生冲突。驻天津日军下令戒严，土肥原等策动溥仪潜逃东北充当傀儡。26 日驻天津日军再向中国军队寻衅，发生所谓"第二次天津事件"）为借口，立即集结兵力，向山海关前进，准备进攻锦州。

12 月13 日，关东军司令部制定了《进攻锦州的方略》，确立了从北向南直接进犯锦州的方案。15 日，日本参谋本部也给关东军下达了关于侵占锦州的所谓“讨伐匪贼合适宜”的内部训令。关东军进攻锦州的计划还得到了日本天皇的批准和新组成的犬养毅内阁的支持。关东军立即调兵遣将，向沈阳附近集结兵力，做好进攻锦州的一切部署。

12 月24 日，关东军以“对大凌河西之匪进行讨伐”为借口，下达了进攻锦州的命令。12 月 28 日，日军向锦州发起进攻。

1932 年1 月2 日，日军以 4 万之众的兵力从三面包围了锦州，与防守大凌河任务的东北军三个公安骑兵总队展开决战。战至天黑，东北军因人力相差悬殊，又无重武器，难以固守大凌河防线，遂向锦州城内退却。3 日凌晨2 时，日军开始攻城。锦州守军由于没有后援，将领又缺乏抗战守土的决心，从 12 月29 日就已经开始撤退。到 3 日晨，最后撤退的公安骑兵总队已全部撤退到锦西。下午 6 时，日军耀武扬威地开进了锦州城。

锦州失陷后，日军迅速出兵占领山海关外的全部辽西地区。

日军在侵占锦州和辽西地区后，转而进行夺取哈尔滨的第五期作战目标。哈尔滨是东省特别行政区官署所在地。当时在该行政区有三个政权：其一是行政区长官张景惠，因早与日本有勾结，柳条湖事件后在日本支持下，成为伪政权“东省特别区治安维持会”，但未公开暴露其汉奸面目。其二是设在宾县与熙洽的吉林省傀儡政权相对立的吉林省政府。其三是马占山退出齐齐哈尔后，在海伦组织的黑龙江省政府。另外东北军还在此驻有五个旅的军队。所以东省特别行政区在辽、吉、黑三省陷落后，抗日气氛尚浓，为日本所忌。

日军先遣汉奸于琛澄伪军“北伐”，进攻哈尔滨，遭到李杜、马占海等抗日义勇军的重创。关东军见于伪军难成“正果”，司令官本庄繁于1932年1月27日向日军下达直接进攻哈尔滨的命令。

1月30日晚，日军开进哈尔滨南面的门户双城子车站。正歇息间，由旅长赵毅率领的东北国防军第22旅突袭日军，措手不及的日军被打得落花流水，仓皇逃窜。2月3日，日军发起反攻，在飞机、大炮和坦克的掩护下，击退赵毅旅，占领双城子，哈尔滨危在旦夕。

4日，日军以多门师团长为总指挥，分两路向哈尔滨发起进攻。中国守军死守阵地，奋勇杀敌。但由于守备不充分，未修筑任何防御工事，仅利用民房、院墙与敌作战，自然难抵敌人飞机、重炮的猛烈，加之敌我兵力相差悬殊，各处阵地相继失守。2月5日下午，日军主力部队攻进哈尔滨，东省失陷。

▲1932年2月5日，日军占领哈尔滨，至此东三省沦陷。

自1931年九一八之夜柳条湖畔炮声乍起，仅仅历时四个月零十八天，东北近百万公里的土地尽遭日寇铁蹄的践踏与蹂躏。痛失故土、背井离乡的白山黑水的子民们开始了血与泪交织的苦难，也掀起了血与火抗争的怒潮。

◎ 日寇暴行

日本侵略军在强占中国东北大片领土的同时，其侵略魔爪所到之处，抢掠、焚烧、轰炸、屠杀、奸淫等暴行也随之而至，给东北人民带来了极为深重的灾难。

九一八之夜，日军纵火焚烧北大营，使之尽成灰烬。沈阳市惨遭日军炮火轰击，市内民宅多处被烧，各处机关的文书、档案均被焚毁，城内硝烟弥漫。日军在进犯吉林红顶山时，飞机轰炸兵营、民房，城内一片火海。1931年10月间，日军又数次对辽西重镇狂轰滥炸，机关、学校、商店、民宅被毁者不计其数。

日本侵略者所到之处，首先要做的事情就是破坏、掠夺与占有。下面这组数字就足以说明日本侵略军于柳条湖事件后的几个月内在东北土地上都干下了什么：

张学良沈阳官邸256万两黄金被劫运东京；

中国银行4000万两白银被洗劫；

东三省兵工厂被日军占领，各种弹械枪炮被掠，损失3.3亿元；

东北大学及其附属机关财产损失1.2亿元；

东北各官办电台损失260万元；

东北各官办银行损失5.8亿元；

……

据不完全统计，几个月内仅东北官方财产损失即达17亿元以上。

在日本侵略军眼中，占有中国人民的财物是理所当然，而把中国人民的身家性命视为草芥似乎也是顺理成章之事。因此，日军一经踏上中国的领土就在中国土地上留下了一幅幅触目惊心、残忍异常的血淋淋的画面：1895年甲午战争中的旅顺大屠杀，1900年镇压义和团的凶残暴虐，1927年济南惨案的肆无忌惮，一直到九一八之夜以后的为所欲为。

在占领沈阳、铁岭、长春等地时，嗜杀成性的日军，不仅对奉命“不抵抗”的中国军警肆意屠杀，即使是对无辜的和平居民，也以刺刀、枪炮相见。日军攻打长春时，许多平民也在炮火中丧生。事后，日军唯恐受到舆论谴责，就对前来认领眷属尸首的人们用机关枪横扫，致有百余名无辜百姓丧生。9月19日，日军进占沈阳，“日本青年团”20余人，乘坐汽车，专门选择行人多的地方开枪。日本侵略军甚至把在沈阳街道上观看“不准逗留”布告的中国人统统抓起来活埋，并经常把搜捕来的中国人剥光衣服，用刺刀活活刺死。据报载，1932年11月，在沈阳的日本宪兵队活埋中国军民达300人之多。

▲辽宁铁岭龙尾山日军刺杀我幼童之后，集薪待焚。

放下枪炮的中国军警被惨杀，无辜的平民百姓也成为日军刀下的冤魂，纵是幼稚天真的孩童也逃不过日军野兽般的残忍。某县某校体育教员黄某有一年方 11 岁的儿子，名叫继先。一天在街上玩耍，遇见两个日本兵，日兵问道："是日本好还是中国好？"继先答道："日本好。"日兵听后十分高兴，又问道："你怎么知道日本好？"继先随即答道："我爸爸说，见了日本人就说日本好，其实还是中国好，日本是我们的敌人。"日兵听罢，大怒，当即把天真的孩子用刀刺死。然后又找来黄某，几乎将其毒打致死。

日本侵略军并不仅仅以杀人为目的，他们还经常"创造"各种杀人手段，以此为乐。日军除了运用一般的枪杀、刀刺、枪挑、活埋等手段残害中国人民外，还用喂狗、滚钉、灌肠、火烧、电磨、倒悬等更为残暴的方法对待中国人民。

▲日本兵在东北砍杀中国人

安东一位卖药先生把药卖给了义勇军，后来印着铺号的包纸被日军从义勇军身上搜出，乃以此为证，硬说这位卖药先生暗通义勇军，然后不由分说，当即把他装进钉有铁钉的木箱子里，放在马路上，由看守的人指挥，凡是过路的人都得推一下，使箱子在地上乱滚，直到里面没有了声息，才算完事。

疯狂的日军还在河边设一种电磨，抓住中国人后，即投入电磨中将其绞成肉酱，然后用河水一冲，不留一丝痕迹。用烙铁将人活活烫死更是常事。吉林省通化县第六师范学校校长佟冠英就是在九一八时期被日军用烙铁活活烫死的。日军还经常从监狱中提出若干犯人，将其两脚捆住，然后放出饲养的恶狠狠的军犬撕咬他们。日寇见被咬者痛叫连天，但又无力挣脱，则拍手大笑。

日军所到之处，除疯狂的抢掠、屠杀外，还大肆奸淫妇女，滥施兽行。1931 年 9 月 18 日夜，日军与日本浪人二三百人蜂拥进入东北大学，到各寝室及教室搜查，男生都被驱逐出校门，女生则苦遭蹂躏。据目击者回忆说，有两位同住一室的女生，一位被奸污，另一位抗拒不从，并以花盆猛击日军，日军以刺刀刺其腹部，当场肠出血流而死。冯庸大学也遭此劫难。日军对各地的学生都如法炮制，许多男生被残杀，女生遭奸污。日军每入侵一地，必以蹂躏妇女为乐。1931 年 11 月 10 日，日军侵占通辽后，有十余名日军到某客栈寻找妇女，该站主人应付稍迟，即遭击毙。就连老妇幼女都难逃日军的魔掌。1932 年 2 月 27 日，在哈尔滨市有妇人与 16 岁女儿在杜戈佛街上行走，一群日本浪人把母女二人拖入室内，先侮辱母亲，再由四人轮奸女儿，并胁迫母亲目睹兽行。

从 1931 年 9 月 18 日那一夜起，几十万东北同胞为了逃避侵略者的凶残与暴虐，开始了长达 14 年丧家失地的流亡生活。

日伪政权堂皇登场

◎ 统治中国东北方案的制定

日本帝国主义在九一八事变前就秘密谋划占领东北后的统治方案，关东军甚至认为，最必要的不在于作战，而是对占领区的统治。因此，从日本内阁、参谋本部直到关东军都十分重视研究制定侵占东北后的统治模式。

1927 年召开的东方会议秘密讨论了关于把东北地区从中国分离出来，建立傀儡政权的统治方案。

1929 年 7 月上旬，关东军参谋石原莞尔在《关东军占领满蒙计划》中，提出武力占领东北后，关东军实行军事管制，设立殖民地总督府，直接划归日本领土的统治计划。

1930 年 10 月，日本参谋本部在《昭和六年度形势判断》中，确定了侵占和统治东北地区的渐进方案。

1931 年 9 月 19 日，日本占领沈阳的当天晚上，关东军参谋板垣、石原、花谷、片仓与从东京赶来制止关东军发动事变的参谋本部作战部长建川美次共同谋划统治占领区的具体方案。关东军方面主张吞并东三省，把它变为日本的领土。板垣、石原提出，不分南满、北满，一概统治，划入日本的版图。参谋本部的建川则提出，消灭现有政权，树立以宣统皇帝为盟主、接受日本支持的政权，双方争论激烈。建川提议不要操之过急，要注意统治占领区的策略。相对而言，建川的方案更加隐蔽，它既不会过早地暴露日本侵吞中国领土的野心，又可以避免国际舆论的谴责和减少中国人民的反日情绪。

9 月20 日，建川向关东军司令本庄繁再次重申他的主张。关东军考虑到客观局势，接受了建川的提议，放弃了直接吞并满蒙的主张。9 月22 日上午，关东军参谋长三宅光治召集土肥原、板垣、石原、片仓等继续讨论统治占领区的方案，最后制定了一个“在目前形势下更易受到实效”的《满蒙问题解决方案》，成为关东军建立伪政权的纲领性文件。该文件明确指出，在满蒙成立一个由日本支持的领土包括东北四省（热河、辽宁、吉林、黑龙江）和蒙古，以宣统皇帝为首脑的政权。新政权的国防、外交、交通和通信等重要部门委托日本帝国掌管。利用熙洽（吉林）、张海鹏（洮索地方）、汤玉麟（热河）、于芷山（东边道地方）和张景惠（哈尔滨）充当“镇守使”，协助日本“维持地方治安”。这个方案提出了新政权如何从中央到地方建立统治机构的初步构想。

1931 年11 月17 日，关东军国际法顾问、满铁上海事务所职员松木侠根据《满蒙问题解决方案》以及本庄繁、板垣、石原等指示，炮制出一份《满蒙自由国建设方案大纲》。这份大纲提出，为使东北完全脱离中国，首先要建立由奉天省、吉林省、黑龙江省、热河省、东省特区和蒙古自治领域组成的满蒙独立国，然后再由这六个省区组成中央政府，以日本人组成顾问府，审批政府诸如缔结条约、公布重要法令等重大事项，控制政府等重要部门。关东军炮制的在中国东北建立傀儡政权的殖民统治方案已具雏形。

1932 年3 月12 日，日本内阁会议通过了日本陆军省、海军省、外务省等共同制定的《处理满蒙问题纲要》，宣称：目前满蒙的现状是，它已经成为从中国本部政权分离出来的一个独立的政权统治区，应加以诱导，使之逐渐具有一个国家的实质。目前满蒙治安主要由帝国维持。该文件表明，日本政府支持并默认了关东军在中国东北建立一个由日本人全面控制的傀儡政权的做法。

◎ 伪辽宁省政府成立

因为沈阳沦入日军手中最早，所以伪辽宁省政府的建立，从一个侧面体现了关东军占据东北后对于选择、确定统治方案的过程。

1931 年 9 月 19 日，关东军攻下沈阳后，就迫不及待地实施其军政计划，企图由日本完全辖治占领地，把东北划归日本版图。关东军遂于 9 月 20 日设立奉天市市政府，市长由土肥原贤二首任，其他各部门负责人也均由日本人担任，公然对中国城市实行军政。这种明目张胆破坏国际公约的野蛮行径，立即遭到了世界舆论的严厉谴责和中国人民的强烈反对，日本政府也对这种操之过急的行为颇为不满。10 月 20 日，关东军被迫撤销了土肥原的市长职务，以汉奸赵欣伯充当伪奉天市市长。

与此同时，关东军又于 9 月 24 日利用当地士绅于冲汉、袁金铠、阚朝玺等组织“奉天自治维持委员会”，后改为“辽宁省地方维持委员会”。稍后成立的“辽宁四民维持会”“东北绅民时局解决方案讨论会”等组织也并入到“辽宁省地方维持委员会”。9 月 28 日该委员会发表所谓“独立宣言”，宣布脱离南京国民政府和张学良政权，建立“新独立政权”。10 月4 日，“辽宁省地方维持委员会”开始暂时代行省政府职权，发布各级官员任命书，关东军导演的“独立”鼓噪一时。

▲9 月 24 日，关东军策动汉奸袁金铠等人，以维持地方秩序为名，成立地方自治维持会，代行省政府职权。

11 月7 日，关东军司令部指令“辽宁省地方维持委员会”宣布正式代行辽宁省政府职责。该委员会在《奉天省政府公报》上发布第 1 号布告，宣称：因本省自事变发生以来，政权停断，由本会维持所有交涉事件。在此过渡期间，本会因爱护东北人民之故，不能不代行政权，并与张氏旧政权暨国民政府断绝关系。“辽宁省地方维持委员会”俨然一副投敌卖国的嘴脸。

因关东军在1931年11月就已决定首先建立省级伪政权组织，宣告独立、脱离中央，再由各省联合成立伪满洲国中央政府，以蔽视听。所以只能管辖日军占领区的“辽宁省地方维持委员会”虽然名义上代行省政权，但它没有宣布独立的权力。于是，关东军转为积极拼凑伪辽宁省政府，决定起用原辽宁省政府主席臧式毅担任伪省长。

臧式毅，清末留学日本陆军士官学校，毕业后，曾任吉林督军署参谋长、东三省兵工厂督办。1930年任辽宁省政府主席，九一八事变后遭日军软禁。

12月中旬，板垣代表关东军司令官本庄繁向臧式毅提出一项临时协议：（1）要求臧式毅参加东三省伪政权组织，充任高级官员；（2）东三省同意向在东三省境内担任“国防任务”的日本军队提供部分驻军军费；（3）由日本经营和使用东三省境内中国修建的铁路。在关东军的软硬兼施下，臧式毅在协议上签了字，公开叛国投敌。

1931年12月16日，关东军强行解散“辽宁省地方维持委员会”，请臧式毅立即就任伪职，成立伪奉天省政府。但实际上，关东军通过日本顾问，掌握了奉天省政治、经济、司法和交通大权，臧式毅不过是关东军操纵下的一具傀儡而已。

九一八事变后，关东军在1931年11月9日还成立了“奉天省地方自治指导部”，以建立地方自治政权为名，在辽宁省各县、市建立由日本人参加并控制的伪政权，以此推进并加强其殖民统治，将其侵略魔爪迅速伸延到了县、市等地方政权中。

▲臧式毅

◎ 熙洽叛国　吉林“独立”

吉林伪政权是东北各省伪政权建立最早的一个，它是由于熙洽叛国投敌，成立伪吉林省政府，宣布“独立”的。

熙洽，姓爱新觉罗，是清太祖努尔哈赤同胞兄弟穆尔哈齐的后裔。1911 年毕业于日本陆军士官学校，是搞清朝复辟运动的宗社党派的巨头之一。他准备借日军的力量，恢复清朝，他曾发誓说：“为恢复清朝的统治，就是肝脑涂地亦在所不惜。”

柳条湖事件发生时，东北边防军驻吉林副司令官兼吉林省政府主席张作相遭父丧，正在锦州原籍处理后事，所有吉林省军民政务则由副司令官、参谋长兼吉林省政府委员熙洽代理。熙洽遵照国民政府“不抵抗”的指示，命令驻长春的各兵种部队以及吉林警备队等分别撤退，长春在日军进攻十小时内尽被攻占。驻在吉林市的熙洽于 9 月 21 日把日本侵略军安全接入省城吉林市城内，使日军不费一枪一弹就占据了省城。熙洽不惜以出卖国土的手段博取日军好感，意欲借助日本的力量，复辟清朝。

9 月 22 日，板垣派今田新太郎大尉到吉林，同吉林特务机关长大迫通贞、第 2 师团长多门二郎密谋策划胁迫熙洽组织所谓“新政府”，宣布独立自治。同时，板垣又派力主复辟的前清遗臣罗振玉赶往吉林鼓动熙洽宣布独立。

一心要求末代皇帝溥仪回东北主持大计、恢复大清王朝昔日辉煌的熙洽在关东军的蛊惑下，于 9 月 25 日召集各法团及厅长以上要员开会，宣布旧法令不合新要求，以后一切听从新政府命令，凡未表示支持者均被撤职。26 日，熙洽把原吉林省军政两个机关合并为一，宣布成立伪吉林省长官公署，自任长官，统辖吉林省军民两政。

▲吉林省长官公署军政处

9 月 28 日，在日军军警监督之下，熙洽召集吉林省各机关、团体负责人开会，宣布伪吉林省长官公署组织大纲，并发表声明：脱离南京政府和张学良政权，实行“独立自治”。

伪吉林省长官公署成立后，熙洽遵照日本人的旨意，罢免了一大批张作相任用的官吏，换上了愿意为日本帝国主义效劳的汉奸官吏，主要有军政厅长郭恩霖、民政厅长王惕、财政厅长孙其昌、实业厅长张燕卿、教育厅长荣孟枚、长官公署机要秘书金铭世、吉林省警务处长修长余、吉林省警备司令齐知政、吉林省交涉署长谢介石和吉林省“剿匪”司令于琛澄等。按照关东军的授意，熙洽还聘用了一批日本顾问。日本人名为顾问，实际上掌握了吉林省的军政实权。

伪吉林省长官公署成立后，全省军政官员发生较大分化。11 月 12 日，原吉林省政府委员诚允接受张学良的命令，在宾县成立吉林省临时政府，与熙洽伪政权对峙，坚持抗日斗争。

◎ 难产的伪黑龙江省政权

柳条湖事件发生后，日本关东军对于占领黑龙江省心存顾忌，一是由于黑龙江与苏联接壤，若贸然进攻，恐怕引起苏联干涉；二是因为黑龙江省不曾经日本染指，恐反日情绪严重，不利于作战。所以日本对于进攻黑龙江省采取了比较谨慎的态度。起初，关东军参谋板垣征四郎千方百计地暗中拉拢东省特别行政区长官张景惠叛国投敌，通过日本驻哈尔滨领事馆拨给张景惠 3000 支枪，并许诺让他当东北“独立政权”的最高首领。张景惠在关东军支持下，在哈尔滨成立了“特区治安维持会”。但由于当时哈尔滨地区的人民群众抗日的呼声很大，张景惠不敢公开投敌充当日本人的汉奸。

张景惠是黑山县新立屯人，因替兄报仇入了绿林，当了首领。后被官府降服，授予营长的职位，以后历任团长、旅长、师长，平步青云，连升高位。在张作霖主政的东北任陆军总长、实业部长。1928 年的皇姑屯事件中与张作霖一道被炸，腿部受伤，尔后被任命为东省特别行政区长官，是东北实力派人物。张作霖死后，张学良犹视之如股肱，以元老相待。蒋介石也很器重他，任他为军事参议院长，作为笼络东北军的手段之一。日本人深知张景惠的价值，所以不惜花大力气拉张景惠上钩。

张景惠虽不敢公开当汉奸，但是与板垣派来的心腹经过多次密谈，达成了几项协议：（1）张景惠组织东北政府，发表声明，脱离中国，实行自治，凡事与日本直接交涉，日本拥护张景惠为东北最高首领；（2）军队由日本军官担任教练，并指挥作战；（3）政治独立，但须用日本人为顾问；（4）经济提携合作；（5）铁路共同经营管理；（6）允许日本人买土地、任意杂居。张景惠在协议上签了字，但声明须等所谓的“东北政权”成立后才能生效。

1931 年 11 月 19 日，日军占领黑龙江省省城齐齐哈尔后，任命张景惠为伪黑龙江省主席。但张景惠鉴于黑龙江省人民高涨的抗日情绪，再加上马占山所部在海伦一带继续进行抗日活动，所以他迟迟不敢公开露出汉奸的真面目。从此以后的三个月，张景惠仍然以东省特区行政长官的名义接收张学良自北平发来的电报，然后再把军政情报密传给关东军和辽、吉两省伪政权。

关东军司令本庄繁为迅速解决黑龙江省的“独立”问题，派板垣到哈尔滨与张景惠等人密谋诱逼马占山投降的对策。

12 月 7 日，板垣等人赴海伦面见马占山，直截了当地诱逼道：若贵主席（马占山被张景惠任命为黑龙江省代主席）变更抗日举动，停止一切军事行动，则日本考虑撤兵，并且划黑龙江省为自治特区，由贵主席治理。马占山当即回绝道：日本须先撤出在黑龙江省的军队，方可再言其他。如此往还几次，均遭马占山拒绝。

急不可待的关东军见逼迫马占山不成，就指使张景惠宣布“独立”。1932 年1 月1 日，张景惠以东省特别行政区长官名义发表“独立宣言”，称：爰定于 1 月1 日起，暂由景惠临时兼领黑龙江省最高政权……至本省一切政务，完全仿照奉、吉现行办法办理。其实就是脱离南京国民政府，由日本指挥一切。

1932 年2 月5 日哈尔滨陷落，马占山为了保存实力，不得不采取“相机应付，缓敌进击”的态度，决定与日军言和。他叮嘱部下说：“现在与日军讲和，不过是为了缓和目前紧张局势的一种临时办法，借此争取时间，整理部队，为继续抗战做好准备，我们不可因此松懈下去。”

2 月16 日，马占山随张景惠到沈阳参加伪东北行政委员会第一次会议。翌日，关东军司令长官本庄繁任命马占山为伪黑龙江省省长。24 日，马占山在齐齐哈尔致电伪省、市长，宣布正式就职。马占山原来幻想日本支持的东三省自治并不脱离中国政府，但他万万没有料到，日本正在以伪东北各省政权为基础，进行筹建伪满洲国的活动。所以马占山没有签署日方起草的“独立宣言”，并在不久后，向国联派出的李顿调查团揭露了日本关东军操纵东北各省建立伪政权和伪满洲国的阴谋。

在伪省政权筹建组织的同时，关东军为夺取和控制县级政权，还积极制造“地方自治”。1931 年 11 月 1 日颁布了伪《地方自治指导部条例草案》，由“奉天省地方自治指导部”负责实施。到 1932 年 2 月，辽宁省全境就已有三十六个县建立了伪政权。

除此之外，关东军还拉拢蒙古呼伦贝尔盟王公、督统贵福及其儿子凌升参加所谓的“满蒙独立运动”。1931 年底，呼盟宣布“独立自治”。

随着伪省政权的建立，伪满洲国的筹建活动也在关东军内部紧锣密鼓地进行着。

土肥原的“杰作”

◎ 末代皇帝的复辟梦

1908 年清朝慈禧太后和光绪皇帝相隔一天先后驾崩。光绪帝的侄子、醇亲王载沣的儿子溥仪，不足 3 岁，就登基做了清朝的儿皇帝，年号“宣统”，由其父载沣摄政。谁知道，命运不济的溥仪竟成了末代皇帝！

溥仪做皇帝不到三年，就在辛亥革命的炮声中退了位。窃夺国柄的袁世凯，对于清室先前给予他的种种恩惠感恩戴德，所以就搞了一个“清室优待条件”，让宣统皇帝溥仪仍保留尊号，每年拨给岁用 400 万两，仍准其居住在紫禁城。这时的溥仪不过还是个 6 岁的孩子，当然也就感觉不到其中的变故和世事无常的滋味。

1917 年张勋率领辫子兵进京，赶走了总统黎元洪，拥立溥仪第二次称帝，妄图复辟大清帝国。但是这次复辟活动仅有 12 天时间即告失败，溥仪的皇帝梦再告破碎。不过，从表面上来看，他的生活也还是没有多大的变化，依旧在紫禁城里做他的皇帝，过着“唯我独尊”的帝王生活。直到 1924 年冯玉祥发动北京政变，率国民军占领北京，逼迫溥仪“永远废除皇帝尊号”，将他驱逐出紫禁城皇宫。已是弱冠之年的溥仪这才真正有了切肤之痛，而那几乎渗入脊髓的恢复祖先事业、实行帝制的思想也一天比一天地顽固了。

溥仪出宫后，躲到了他父亲载沣的醇王府里，惶惶不安地度着时日。他的近臣郑孝胥、罗振玉、陈宝琛以及他的英文老师庄士敦都劝他到外国使馆去避一避风头。庄士敦主张去英国使馆，而罗振玉主张去日本使馆，溥仪则愿意到英国使馆，但未得接受，最后日本公使芳泽谦吉把他接到了日本使馆。从此，溥仪就与日本帝国主义联袂演出了一幕“满洲国”的丑剧。

溥仪到日本使馆后，日本公使芳泽即郑重向他宣布，日本政府已“予以认可，承担对皇帝陛下的保护”，并将使馆后面的一幢楼房专门供给溥仪及其后妃、臣下们使用，在生活上也予以照料，还恢复了“大清皇帝”的奏事权和值班房制度。这一切都让溥仪对日本产生了幻想，他回忆说，此时的自己正处在三岔口上，一是放弃帝王尊号，放弃复清的野心，做个仍然拥有大量财宝和田庄的“平民”。二是争取“同情者”的支援，取消国民军的新条件，全部恢复袁世凯时代的旧条件，也就是“复号还宫”，依然回到紫禁城，过从前那样的生活。第三就是“借外力谋恢复”。而此时日本的举动正好为溥仪实现梦想提供了一线希望，致使他想出洋谋求恢复大清伟业的强力支援。

溥仪逃往日本公使馆的消息不胫而走，引起各方面的关注。日本方面便以出洋为诱饵，于 1925 年 2 月秘密将溥仪骗至日本在天津的租借地——张园，后再移居到安福系政客陆宗舆的居处“乾园”，溥仪将其改为“静园”，取其“静观变化，静待时机”之意，在这里继续从事复辟活动。

先是有直系首领吴佩孚对溥仪上书称臣，而后奉系首领张作霖向他磕头，连皖系首领段祺瑞都与溥仪有过秘密的交往。这就使他又对这几位当时举足轻重、左右局势的风云人物生出了幻想，希图靠这些军阀复辟祖业。但这些人也就到此为止了，并没有太深的举动，所以溥仪的希望就如同肥皂泡一样旋起旋灭了。

在天津期间，更有许多流氓政客、江湖骗子抓住溥仪一心想要恢复祖业的心理，以甜言蜜语向溥仪大献殷勤，也能得到他的信任和赏赐。东北旧军阀许兰洲介绍的刘凤池就常向溥仪索要出去政治活动的经费，而溥仪也深信不疑，每次出手都很大方，少则二三百元，多则四五百元不等，当然最终是竹篮打水一场空。更有一位俄国军官米诺夫对溥仪说愿意为大清复辟招兵买马，不辞流血，溥仪竟一次赏他 6 万元。

与此同时，溥仪还听从郑孝胥的建议，写信给日本陆军大臣南次郎请求日本支持复辟，委托他的日语老师远山猛雄把信带到东京。日本方面煽动溥仪复辟的也大有人在，天津驻屯军司令官高田丰树曾对溥仪说，现在满族受压迫和歧视，名为五族共和，实际是汉族专政。天津总领事桑岛主计也以这种挑拨民族关系的话鼓动溥仪复辟。

专心恢复满清的迷梦令溥仪几乎不惜一切手段，而这一切对于一心想武力侵占中国东北的日本来说，不仅认识到了溥仪可利用的政治价值，而且也充分利用了他的复辟梦。

◎ 土肥原出马

日本人利用清朝的末代皇帝当傀儡，来掩护他们赤裸裸侵略行径的准备早在柳条湖事件爆发的同时就已经开始了。

1931 年 9 月 19 日，日本参谋本部作战部长建川美次就向关东军司令官本庄繁提出，板垣、石原等人的直接变东北为日本领土的策略是行不通的，应该以击溃原来的政权，建立以宣统皇帝为盟主、接受日本支持的政权为上策。

对于抬出废帝溥仪，日本军政界也存在着不同的意见。币原外相认为，现今满蒙居民大多数为汉族，因此拥立宣统皇帝，在满洲各地名声也不好，何况对中国本部和世界各国的影响。在反革命、反民主主义阴谋等口号下，情况更可想而知。币原认为，拥立宣统皇帝的计划，完全是一个时代错误，它恐怕对将来帝国在满蒙的经营也留下严重祸根。但是日本军部和关东军按着他们内定的条件反复研究，坚持认为溥仪是最合适的人选。关东军认为可以担当“独立政权”首领的条件是：（1）为3000万民众所景仰，出身名门而又德高望重；（2）家世方面属于满洲系统；（3）不论同张学良或蒋介石都不能合流；（4）能够同日本合作。重要战犯城野宏在他的笔供中也提到这几点，他说：“溥仪之所以被选中，并非由于他是一个杰出人物……以为被选中者的首要条件就是必须同中国本部的国民党没有任何联系。而在这一点上，溥仪的半生历史说明他始终遭受着国民党的迫害……其次，之所以由溥仪统治满洲，也是因为满洲和蒙古的一些旧的阶层对于清朝还有传统的向往。第三，一般无知的农民，不喜欢张作霖之类绿林出身者所搞的军阀政治，对由满族爱新觉罗家族实行的王道政治似乎更加欢迎。”如此条件，当然非溥仪莫属。

1931年7月，日本鹿儿岛驻军联队的吉冈安（在九一八期间任天津日军司令部的参谋）就隐约向在日本东京学习院学习的“皇弟”溥杰透露了日本人准备扶植溥仪出山的消息，他对溥杰说：“你到了天津，可以告诉令兄，现在张学良闹得很不像话，满洲在最近也许就要发生点什么事情……请宣统帝多多保重，他不是没有希望的。”7 月 29 日，另有一位日本浪人访问溥仪，并将一把上面题有“天莫空勾践，时非无范蠡”诗句的扇子赠送给溥仪，借以暗示溥仪即将东山再起。

果然，在两个月后，就发生了震惊中外的九一八事变。溥仪喜出望外，感到复辟的时机到了。他立即派罗振玉、刘骧业去东北与关东军联络，企图依靠日本人的帮助，在东北这块祖宗发祥地上重新恢复大清祖业，这正与日本关东军的预谋不谋而合。

既然制定了方案，就要立即付诸实施。1931 年 10 月 10 日，关东军决定，为解决满蒙问题，以援助现在势力薄弱的天津军为名，派关东军参谋土肥原贤二大佐前往天津。交给他的具体使命就是通过各种阴谋手段扰乱天津地区，乘机把隐居在天津日本租界“静园”内的溥仪带到满洲。10 月 27 日，土肥原从奉天出发前往天津。

驻奉天总领事馆领事森岛守人这样描述在中国待了 18 年的“中国通”土肥原：“土肥原，以被中国人叫作‘土匪原’，又被外国人称之为‘东方的劳伦斯’（劳伦斯为英国老牌特务）而闻名。据说凡是土肥原足迹所到之处，必要引起一场灾难。”土肥原这次的天津之行似乎仍然难以逃出这个定义。

1931 年 11 月 3 日，土肥原驱车来到天津日租界的“静园”，面见溥仪。溥仪回忆说：“他（土肥原）那年 48 岁，眼睛附近的肌肉现出了松弛的迹象，鼻子底下有一撮小胡子，脸上自始至终带着温和恭顺的笑意。这种笑意给人的唯一感觉，就是这个人说出来的话，不会有一句靠不住的。”

一阵寒暄之后，土肥原转入了正题，他对溥仪说，日本迫不得已出兵，是因为张学良把满洲闹得民不聊生，使日本人的权益和生命财产得不到任何保证。关东军对满洲并无领土野心，只是诚心诚意地帮助满洲人民建立自己的新国家。他还说，希望溥仪回到他的祖先发祥地，亲自领导这个国家，日本将全力保护它的主权领土。土肥原还保证说，作为新国家元首，溥仪一切都可以自主。

为消除溥仪所担心的关东军不能代表日本政府的疑虑，土肥原斩钉截铁地说：“天皇陛下是相信关东军的!”随后，土肥原再次保证说，这个新国家是帝国，是独立自主的，是由宣统帝完全做主的。

溥仪一听说是复辟，当即表示愿意去东北。

不料，土肥原夜见溥仪，诱骗他去东北充当傀儡的消息，第二天就被天津的报纸披露出来，立即引起各方面的关注。南京的蒋介石立即派高友唐做说客，表示国民政府愿意恢复优待条件，希望溥仪不要上日本的当。并提出希望溥仪去上海，如果要出洋，除日本外均可，要到其他地方，除东北外什么地方都行。一心想当皇帝、恢复祖业的溥仪坚决地回绝了南京国民政府的请求。那几天陆续来人来函劝告溥仪慎重，“甚至有姓爱新觉罗的”劝溥仪“不要认贼作父，要顾惜中国人的尊严”。但是被复辟迷梦完全迷了心窍的溥仪，不理会任何劝告，仍然一意孤行。

土肥原见消息泄露，恐怕夜长梦多，决定不惜采取任何手段敦促溥仪尽快逃往东北，静园的空气顿时变得紧张起来。一位附着原东北保安总司令部顾问赵欣伯名片的水果礼品篮子送到静园时，被发现其中藏有两颗炸弹。日本警察和日军司令部拿走检验后说，该炸弹是张学良的兵工厂制造的。那两天，溥仪还接到了不少恐吓信，其中一封只有一句话：“如果你不离开这里，当心你的脑袋。”有好心人打来电话，警告溥仪不要去他常去的维多利亚餐厅吃饭，因为这几天常有衣服里藏有电刀的人打听他，他们似乎是张学良派来的人。

紧接着炸弹、匿名恐吓信、好心人的电话相继而至的就是土肥原一手导演的“天津事变”。

1931 年 11 月 8 日夜 11 点，汉奸张璧、李际春等人在土肥原的授意下，组织暴乱便衣队 2000 多人，集结于日本租界海光寺。日军发给便衣队每人现洋 40 元，配给手榴弹、小钢炮等武器。11 时 30 分，便衣队自海光寺冲出，吵嚷着向天津市政府和公安局胡乱射击，同时在市区内四处骚扰，全市一片混乱。中国警察和保安队奋力反击，第一次“天津事变”爆发。

9 日上午，日军以维持社会治安为名，宣布日本租界戒严，出动驻屯军占领租界周围各街口要道，断绝了与华界的交通。同时，日军还架设瞭望台，装置军用电话，监视和指挥便衣汉奸的暴乱行动。日军把装甲车开到了溥仪居住的静园外，将这里严密封锁起来。

10 日，便衣队继续制造混乱，日军又出动多架飞机在天津上空盘旋，还轰炸南开大学，水电、交通为之断绝，20 万天津市民一时陷于缺水断粮的窘境。

10 日晚，在一片混乱的烟幕中，溥仪的随身侍从祁继忠把溥仪塞进了一辆敞篷车的后厢，然后从侍从里挑了一个勉强会开车的充当司机，祁继忠则坐在司机旁边，押着“空车”，在日本人的保护下，悄然驶出了静园。

正如溥仪所说的那样，“这次骚乱和戒严……给我的出奔造成了极为顺利的环境。在任何中国人的车辆不得通行的情况下，我这辆车走到每个路口的铁丝网前，遇到日本兵阻拦时，经后面的吉田（尾随溥仪车后面的日本人）一打招呼，便立刻通过”。最后顺利地开到了预定地点——敷岛料理店。溥仪在这里穿上日本军大衣，戴上日本军帽，扮成日本军人的模样，然后和吉田坐上一部日军司令部军车，行驶于白河岸上，一路畅通无阻，最后在英租界的一个码头上登上了日军司令部运输部的一艘名为“比治山丸”的汽船。船上堆满了沙袋和钢板作为掩护。溥仪的近臣郑孝胥、郑垂父子俩正在此恭候着他。

溥仪与郑氏父子在日本人的掩护下，偷渡海河，安全抵达大沽口，然后换乘日本商船“淡路丸”号，13 日驶抵营口市的满铁码头。

溥仪原以为营口码头上必定有一场东北民众欢呼的场面，幻想着人们摇着小旗，向他高呼万岁。但是到了码头，溥仪才发现他错了，这里并没有人群，更没有什么旗帜，所来迎接他的只是少数的几个日本人。

溥仪到营口后，惶惶不安、冷冷清清地过了一个星期，就被板垣电话通知，要他转移到旅顺去暂住。到那里之后，关东军就把这一消息向关东厅长官、领事馆、满铁等方面发出通告，内称：“溥仪因天津暴动深感其自身生命之危险，乃自发逃离天津，于 13 日突然于营口登陆，请予保护。出自人道主义立场，暂时将其收容于汤岗子予以庇护。但鉴于时局，禁止一切政治活动，断绝与外部之交通，严加保护。讫至适当时期之前，禁止发表有关溥仪之一切行动报道，特此奉告。”很明显，溥仪以被保护的名义被日本关东军软禁起来。

身不由己的溥仪尽管惶急和不安，但复辟的美梦还在支撑着他，让他耐心地等待着日本关东军在不远的将来封给他名副其实的“皇帝”尊号。

伪满洲国出笼

◎ 紧锣密鼓筹备“建国”

辽宁省是日本关东军操纵伪省长臧式毅宣布伪辽宁省政权建立的；吉林省则是因熙洽叛国投敌，与南京国民政府和张学良政权脱离关系而“独立”的；黑龙江省的“自治”虽然有些曲折，但最终也把拥有 2 万重兵的马占山说服“归顺”，担任伪黑龙江省省长之职。而一心重振昔日大清威风的末代皇帝溥仪也被关东军软禁在旅顺，所以一切似乎都是顺理成章，伪满洲国的丑剧即将开场了。

经过几番争吵、讨论、斟酌、审定，到 1932 年初，关东军制订的殖民统治方案基本定型，主要内容包括：建立一个满蒙中央政府，给首脑人物以总统等适当名称，避免出现复辟倾向。由现在各省省长等人担任各行政长官，设置时间至迟在 2 月下旬或 3 月上旬，即国际联盟派员到达东北之前，首都设在长春。中央政府管辖区域包括奉天省、吉林省、黑龙江省、热河省、内蒙古省，国防军由日本军充任。采取都督或总督等形式为宜，如不能实现，可在关东军内设置政务部一类机构。产业及交通等事宜在关东军司令官的直辖下全面管理之。

1 月 6 日，关东军派参谋板垣回国汇报，关东军的方案得到了日本政府的首肯。1 月 13 日，板垣回到沈阳，传达了日本政府的指示。得到政府支持的关东军立即着手“新国家”的筹建活动。

1932 年 1 月 22 日，关东军参谋长三宅光治召集板垣、石原、片仓衷、土肥原、花谷正等人，召开了所谓关东军“建国幕僚会议”，研究建立伪满洲国的步骤和具体统治方案。27 日，板垣根据历次“建国幕僚会议”的意见内容，整理出了一个《满蒙自由国建设顺序》，详细拟定了“建国”前的各项筹备工作及其进行的步骤。从 2 月 5 日至 11 日，关东军连续召开“建国幕僚会议”，就伪政权的建立，如何控制中国东北的矿山、铁路交通、海关、税收、移民，以及任用日本人为满洲官吏等问题，进行了紧张的具体筹划。

为使“新国家”的成立名正言顺，2 月 16 日，关东军司令部召集东北各伪省政权的头号人物张景惠、臧式毅、熙洽、马占山在沈阳举行了第一次“四巨头会议”。关东军参谋长三宅、参谋板垣、和知及顾问驹井德三等，名为列席，实际上完全控制了这次会议。会议从 16 日晚 8 时一直开到 17 日早 3 时，落实关东军早已拟好的计划。17 日，“四巨头会议”正式宣布成立“东北行政委员会”，任命张景惠为委员长，委员有臧式毅、熙洽、马占山、热河汤玉麟（未参加会议）、哲里木盟的齐王（齐默特色木贝勒）、呼伦贝尔盟的凌升。伪奉天市市长赵欣伯还强迫沈阳市民召开庆祝伪东北行政委员会成立的大会。为招引群众造成声势，预告给到会者每人发一包点心，下午白看半天戏。

伪东北行政委员会根据关东军的旨意，就伪满洲国的国体、政体、元首、宣言等诸项问题提出了初步意见。2 月 18 日，发表了“独立宣言”，宣布同国民党南京政府脱离关系，东北完全独立。这个宣言的署名是七人，但是汤玉麟等三人未到会，马占山虽然参加了会议，但未在宣言上面签字，因而这个宣言上的签名有的是伪造的。

从 1931 年 11 月就到旅顺静候黄袍加身、万人高呼万岁的溥仪，无论如何也没有想到板垣的造访最终击碎了他的皇帝梦。2 月 23 日，板垣奉关东军司令官本庄繁的命令来到旅顺，专程拜访溥仪。他告诉溥仪，这个新国家名号是“满洲国”，国都在长春，现改名为新京。这个国家由满族、汉族、蒙古族、日本族和朝鲜族五个民族组成。在满洲花了几十年心血的日本人在“满洲国”的政治地位和别的民族相同，也可以充当国家官吏。板垣还拿出了五色“满洲国国旗”。

溥仪“气得肺都要炸了”。当他听说，这个新国家不是大清帝国的复辟，而作为这个新国家的元首也只是“执政”，而不是“皇帝陛下”时，溥仪“激动得几乎都坐不住了”，同板垣争论三个多钟头，最后不欢而散。

第二天早晨，板垣把郑孝胥、郑垂、罗振玉、万绳栻叫到大和旅馆，要他们转告溥仪：军部的要求再不能有所更改，如果不接受，只能被看作是敌对态度，只有用对待敌人的手段答复。这是军部最后的话。既没有财力，又没有物力，更谈不上拥有武力的溥仪除了听由关东军摆布外，毫无办法。最后，他只好按着罗振玉的意见，先答应板垣担任执政，但暂定以一年为限。

2 月 25 日，关东军操纵下的“东北行政委员会”公布了《新国家组织大纲》，规定伪国名为“满洲国”，伪国家元首为“执政”，年号“大同”，伪国旗为红蓝白黑满地黄的五色旗，伪国家首都设在长春，改称“新京”，推溥仪为伪“执政”。并声称“新国家”的版图包括奉天、吉林、黑龙江、热河四省，以及内蒙古的呼伦贝尔、哲里木、昭乌达、卓索图各盟。

关东军还强奸民意，指示伪省政府在各县开展“促进建国运动”，参加会议、组织游行、制造群众自发请愿要求独立自治的假象。2月29日，“全满促进建国运动联合大会”派出“代表”前往旅顺，请求溥仪接受民意，出任伪满洲国“执政”。

◎ 溥仪就任“执政”

当一切准备就绪时，关东军又导演了一出“请愿代表”与溥仪表演的“请驾”与“谦让”的闹剧，作为傀儡政权出场的序幕。

1931年3月1日，第一批请愿特使来到旅顺，请求溥仪接受“民意”，出任伪执政。溥仪遵照郑孝胥等人的嘱咐，拿出早已准备好的“拒绝”答词，称：今值危急存亡之秋，并非如我之人所能胜任，望另举贤能，造福国家百姓。“请愿代表”与溥仪各自说了一通事先别人为他们准备好的话，无非是一方“恳请”，一方“婉辞”。历时不过20分钟，然后各自退场。

3月5日，“请愿代表”第二次出场“恳请”，溥仪在大和旅馆宴请第二批请愿特使，在早有准备的答词中申明，接受恳请，决定暂任执政一年，以后是否连任，再看国体性质而定。这次表演代表们终于完成了任务，同样作完表演的溥仪于3月6日回到汤岗子，与早已恭候在那里的张景惠、赵欣伯等“迎接特使”一同前往长春。

3月8日下午3时，溥仪一行的专车到达长春站，车还未停，就听见站台上响起军乐声和人们的呼叫声。溥仪在“营口码头上没盼到的场面，今日到底盼来了”，“看见到处是日本

▲溥仪偕婉容到鞍山附近的汤岗子，扮演了接见“请愿代表”“劝进”的一幕。次日，即动身前往改名为“新京”的长春。

宪兵队和各色服装的队列。在队列里，有袍子马褂，有西服和日本和服，人人手中都有一面小旗”。长春市的商民们也在日军的逼迫下挂起了“新国旗”，城内外的墙壁和电线杆上到处贴着“欢迎新国家”的标语和传单，汽车和马车上也一律插着“新国旗”。溥仪被这样的场面感动得热泪盈眶，觉得复辟是大有希望的。溥仪就在这么“热闹”的气氛中来到了原来的道尹衙门，今日已破旧不堪的“执政府”。

9日下午3时，溥仪身着西式大礼服，在长春“执政府”举行了出任伪执政的就职典礼。关东军司令官本庄繁、满铁会社总裁内田康哉、关东军统治部部长驹井德三、高级参谋板垣征四郎、吉林特务机关长大迫通贞、伪奉天省政府首席顾问金井章次、伪吉林省首席顾问三桥政明、伪黑龙江省首席顾问村田悫磨等都到场。中国人出席典礼的人员主要是伪官吏和各界团体的代表。典礼开始，众“元勋”们向溥仪行了三鞠躬礼，溥仪以一鞠躬礼作答。而后，伪辽宁省省长臧式毅和伪东北行政委员会委员长张景惠代表“满洲民众”，向溥仪献上了用黄绫包裹着的“执政印”，郑孝胥代念了“执政宣言”，就职典礼完毕。

▲溥仪（中坐者）就任伪“执政”时的情形。右七为日本关东军司令官本庄繁。

随后，溥仪开始接见外宾。所谓的外宾，就是日本人。满铁总裁内田康哉致祝词，罗振玉代读“答词”。最后到院子里举行伪满洲国升旗仪式，并拍照留念，举行了庆祝宴会。

当天下午，溥仪在执政办公室里办了就职后的第一件“公事”，即在关东军司令官本庄繁推荐郑孝胥出任国务总理的特任状和各部长总长名单上签上“御名”。

在长春车站以及街头巷尾所见到的军乐龙旗和欢呼的人群，就职典礼隆重的“场面”，以及外宾接见时的颂词，都给溥仪留下了深刻印象，不禁使他有些飘飘然，不仅不再觉着当“执政”是受委屈的事，而且把“执政”的位置看成了通往皇帝宝座的阶梯。激动不已的溥仪还发誓说，为了今后做一个称职的皇帝，第一要改掉过去的一切旧毛病，第二为恢复祖业，要忍耐一切困苦，不达目的誓不罢休，第三是求上天降皇子。

典礼后的一个月左右，“执政府”迁到新修缮的吉黑榷运局的房子。为了表示决心，溥仪还亲自为每所建筑命名，并以“勤民”命名他的办公楼。从此，溥仪果然是早晨起床颇早，起床后即到办公室“办公”。为了早日实现复辟的美梦，溥仪一面听从关东军的指挥，一面宵衣旰食，不分昼夜的“勤政”，一心想把“元首”的职权利用起来。

但是溥仪的“勤政”并没有维持多久，因为他发现起初是无公可办，后来才知道那所有“执政”的职权只是写在纸上罢了，并不是真的掌握在他的手里。

◎ 日本人的“满洲国”

当伪吉林省长官熙洽见到伪满洲官吏任命名单时，当场就以关东军事先未向溥仪执政报告为由，向关东军提出质问，而得到的回答却是：“这是日本军司令官本庄繁的指定，现在是责任内阁，为什么要向执政报告。满洲是日本在日俄战争中，以 10 万头颅和多少亿的金钱大牺牲换来的，日本人就是满洲人。这个办法是既定方针，你们要反对是不行的。”不出三日，关东军又把原由日本人担任其职的伪满洲国总务厅长改为总务长官，负责签署伪国务院文件，掌握一切行政大权。1932 年 3

月12日，日本内阁会议通过了《处理满蒙问题方针纲要》，正式确立在中国东北建立一个由日本全面控制的“新国家”的方针。4月，各省亦设立总务厅，由日本人首席顾问任厅长。这样，从上到下形成关东军司令官及其统治部——伪满洲国总务长官——各省总务厅厅长操纵一切权力的日军统治体系。

此时“执政”溥仪的感受是什么样子的呢？据溥仪回忆说，他自从发过誓之后，每天早起，准时到勤民楼办公。而每天也的确很忙，从早到晚总有人要谒见，多半是“当朝的新贵，如各部总长、特任级的参议之流”。但是这些人除了向他表白忠心、献纳贡物外，从未谈过公事。每当溥仪问起“公事”时，他们不是回答“次长在办着了”，就是“这事还要问次长”。而这些次长都由日本人充任，从不找总长请示“公事”。因此，溥仪也越发对自己的“尊严与职权”产生了怀疑。伪满洲国国务总理郑孝胥也遭到同样的际遇，由日本人充任的伪总务长官几乎掌揽了一切国务，他这个国务总理被架空，自然更是谈不到有什么权力可言。

为了完全控制伪满洲国的各级政权，1932年6月，由关东军参谋长桥本虎之助起草了一个《指导满洲国纲要》（草案），正式确立“在满洲国的名义下，通过日本人系统的官吏，特别是通过总务长官以求实现殖民地统治秩序”的方针。提出了控制伪满政权的基本国策，确定使伪满政权成为日本实行殖民统治的工具。

1932年8月，日本陆军省在伪满洲国设置特别管制，即由关东军司令官兼驻伪满洲国特命全权大使，统辖在东北的日本各机关和伪满洲国。

9月15日，日本政府发表关于正式承认伪满洲国是“独立”国家的声明，歪曲九一八以来日本帝国主义侵略中国东北的事实真相，把伪满洲国政权说成是“各地伟人集合，共同宣布脱离中央”。声明由特命驻满全权大使武藤信义“与满洲国当局签定协定，即于签字日正式承认满洲国”。

同一天，武藤信义与伪满洲国国务总理郑孝胥在长春签订了《日满议定书》，就中国东北铁路、港湾、航空、矿业管理等方面达成协议。明确规定：（1）伪满洲国承认和尊重日本国或日本居民在满洲国所有既得的权利，包括两国间的条约、协定、公私契约等规定的权益。（2）日满两个缔约国某一方安全受到威胁时，视为对另一方安全的威胁，缔约双方共同担负保卫国家的责任，为此需要日本军队驻扎在伪满洲国内。

▲1932 年 9 月 15 日，日本宣布正式承认伪满洲国。同日，关东军司令官武藤信义（左）与“满洲国”国务总理郑孝胥（右）签订《日满议定书》，中国东北成为日本的殖民地。

日本用条约的形式确定伪满洲国在名义上是独立国，但在实质上则是他们的附属国，从此，中国东北完全变成了日本统治下的殖民地。

华北门户洞开——热河失陷

◎ 日军图谋热河

热河省地处辽宁、河北、察哈尔和内蒙古之间，是东北的屏障，内蒙冀交界的要冲，是沟通关内外的咽喉之地，战略地位十分重要。当时辖有承德、朝阳、赤峰、滦平、平泉、凌源、开鲁、林西、经棚、围场、阜新、隆化、丰宁、建平和绥东十五个县，另有林东、鲁北、天山三个设治局，省会在承德。

日本自从把“征服满蒙”定为国策以来，就已把热河省列入其中。1931 年 3 月，板垣在“从军事上所见到的满蒙”讲话中就鼓吹：“从战略上观察，满蒙北以黑龙江、西以大兴安岭与俄国为界，东南以鸭绿江与朝鲜为界，西南以松岭、七老头阴山等山脉与中国本土相隔，划出了四周天然的屏障，它本身就形成了一个战略据点。”在板垣的眼里，热河省显然是算在满蒙之内的。伪满洲国成立宣言这样写道：数月来经集合奉天、吉林、黑龙江、热河、东省特别区、内蒙古各旗官绅士民详加研讨，意见已趋于一致，与中华民国脱离关系，创立满洲国。伪满洲国成立后，热河省政府主席汤玉麟虽然没有参加伪满洲国，但被日本关东军任命为伪参议府副议长兼热河省主席。在以后的各种“建国”方案中，也都把热河划归其领土之内。可见，当时日军虽然还没有占领热河，但已把热河划归到他们控制操纵下的“新国家”统驭范围之内，并把它作为关东军恢复“满洲治安”、巩固和确立“新国家”基础的一个既定目标。

伪满洲国建立之初，东北遍地兴起的抗日义勇军极为活跃，牵制了日军的大部分兵力，使其暂时无力大举进攻热河。另一方面，正值国联调查团前来东北调查，不得不使日本方面有所顾忌，不敢明火执杖地入侵热河。因此，武装侵占热河的计划就暂被搁置，转而采取促使汤玉麟归顺，不战而取热河的策略。

▲锦西义勇军奋起抵抗

1932年4月4日，日本关东军司令部制定的《热河政策》指出：“对于热河省，暂时以支持汤玉麟，使之从速服从满洲国的统治为首要措施，其次，使之改革省政。”该文件还制定了“支持”汤玉麟的具体措施，如恢复铁路和通信、扩展飞机场、利用喇嘛进行宣传等。

日本先是在汤玉麟没有参加伪满洲国的情况下，任命他为伪满洲国参议府副议长兼热河省主席。但由于张学良及其周围抗日力量的威慑，汤玉麟没有接受关东军的任命。在这种情况下，日本关东军决定采取“说服”的办法，劝汤玉麟归附伪满洲国。他们最先利用汤玉麟的盟弟张景惠、张海鹏派人到热河劝降，同时命令与汤玉麟熟识的日本浪人高原卡见化装成商人，潜赴承德劝诱汤玉麟叛国投敌，但高原在归途中被汤部的爱国官兵处死。

汤玉麟是张作霖绿林起家时的结拜兄弟，跟着张作霖飞黄腾达后，从 1928 年起就独霸热河。他一向视热河为私产，骄横自恃，常以充军饷为名横征暴敛，中饱私囊。在九一八事变前夕，汤玉麟拥有 3 万多兵力，但官兵缺乏训练，中下级军官大半染有吸毒嗜好，所以战斗力较弱。汤玉麟又“素有亲日感情”，“经常平息反日风波”，因此颇得日本人好感。加之九一八后他对日态度暧昧，就更容易使日本人对其产生幻想。但是，汤玉麟在当时张学良和周围抗日力量威慑下，虽然心中对日本人的“感情”不肯轻易割舍，不做抗战准备，可是在表面上还是表示了他是国家疆吏，守土有责，誓死抗战，决不丧失国家寸土的决心。所以，日本关东军采取的以诱降为主的“渐进主义”策略一时难奏成效。

1932 年 7 月，日本关东军借口联络员石本权四郎等三人在朝阳、北票之间失踪，声称是“第二中村事件”，向热河边境的朝阳地区发起进攻。石本原是日本步兵少尉，在中国辽宁居住达 23 年，精通汉语，熟悉东北各地的情况，在九一八事变时就在东北进行特务活动，为关东军搜集情报，提供信息。后来便被关东军司令官本庄繁于 1932 年 4 月招致为幕内。此后，石本就在北票秘密建立了“关东军司令部北票联络所”，大肆进行特务活动，还多次潜入热河，引诱、威逼汤玉麟投降伪满洲国。1932 年 7 月被朝阳县义勇军抓获，12 月 11 日被枪毙。

在中国土地上逮捕、惩办外国特务，并不违背国际法和国际惯例。但是，日本关东军却借此大做文章，出动兵力，企图大举进攻热河。日本因侵略中国东北，当时在国际上正处于孤立地位，碍于国际舆论的压力，日本政府令关东军暂时停止对热河的进攻。

关东军见诱降汤玉麟不成，寻衅制造事端也难逞其图，于是从 1932 年 11 月底开始，打起了驻在关内外主要关口与通道口山海关的东北军第 9 旅旅长何柱国的主意。关东军以取缔义勇军和确保伪满洲国安全为借口，要求何柱国建立一个包括滦东和热河的缓冲区。如果何柱国应允，关东军将给他以足够的军饷、军械，帮助其拿下热河，脱离张学良，实行“独立自治”，仍悬挂青天白日旗。条件是让何柱国切断关内与义勇军的联系。很显然，关东军的目的就是要何柱国建立一个由日本人控制的傀儡政权。何柱国一面在表面上应付日军，一面将内情详细报告给了张学良。

关东军见何柱国并无“诚意”，遂指令驻山海关附近的日军故伎重演，于 1933 年 1 月 1 日晚自行炸毁其营房门窗，反诬中国军队挑衅所为，向山海关中国守军何柱国部发起进攻。3 日，日军占领山海关，造成夹击热河的态势。

与此同时，日本政府及陆军省不顾国联劝告，再掀入侵热河舆论的高潮，多次发表入侵热河的声明，执意以武力占领热河。

▲守卫山海关的中国军队在阵地上作战

◎ 张学良积极备战

山海关沦陷后，张学良于 1 月 8 日在北平举行了中外记者招待会，揭露日本急于侵占热河的阴谋，表示了彻底抵抗的决心。他说："日军破坏和平，进犯榆关（山海关），我方委曲求全，煞费苦心。目前和平既然已无效，则只有以我们的精神和热血，贯彻抵抗，以保卫祖国、伸张正义。张学良乃为中国军人之一分子，要为国家尽一份爱国的责任与义务，决不允许日本人侵占我一寸国土。"

1 月下旬，张学良亲赴南京秘密拜会蒋介石，寻求支持。蒋介石答应派代理行政院长兼财政部长宋子文北上，解决热河问题。

张学良回到北平后，就开始了热河抗战的积极筹备工作。2 月 2 日，张学良与在北平的东北军将领张作相、王以哲等共商热河军权统一、义勇军指挥权移交军分会以及后援工作等问题。待宋子文到达北平后，张学良与之就热河防守作了初步部署：参加热河保卫战的中国军队 10 万兵力成立两个集团军，每个集团军各辖三个军团。第一集团军由张学良兼总司令，指挥东北军主力和黑龙江省两个旅，万福麟担任一个军团长（另两个军团当时未成立）；张作相为第二集团军总司令兼一军团长（该军团亦未成立），指挥的部队是孙殿英一个军团（实际上是孙的一个军）、汤玉麟的一个军团和冯占海新编第六十三军及义勇军各部。后来又增加了张廷枢（张作相的儿子）的第 12 旅。两个集团军的作战区域是：以凌南、凌源、严泉、承德公路为界，南归第一集团军，北归第二集团军。

1933 年 2 月 17 日，张学良并宋子文等数十人前往热河视察，并由张学良等向日内瓦中国驻国际联盟代表团发出电稿，申明了中国政府和人民抵抗日寇侵略的决心和意志。同时，张学良与守卫热河的将领联名向南京及全国发表通电，内称："时至今日，我实忍无可忍，只有以武力自卫。现已遵照中央确定的方针，选率劲旅，积极部署，决心复我河山，扬民族大义，只要有一兵一卒，我等必不退却，再接再厉。"通电希望全国同胞同仇敌忾，一致奋起，大力支援热河保卫战。

张学良一面按照制定好的军事部署编制第二集团军，一面调兵遣将，动员他自己统率的第一集团军，做好即将开始的热河保卫战的最后准备工作。

◎ 日军进犯热河

张学良在战前虽是积极应战，但其军事准备却较为仓促。而侵占热河乃为日本关东军的既定目标，因此日本侵略者的各项准备工作远比张学良要充分得多。日本关东军占领山海关后，就认为进攻热河的时机已成熟。于是 1933 年 1 月 28 日，由日本关东军新任司令官武藤信义下达了进攻热河的预备命令，并在锦州成立了进攻热河总指挥部，决定调6万日军攻占热河。从1月30日起，驻朝鲜日军也开始奔赴东北作应援部队。2月17日，武藤下达了进攻热河的命令，热河保卫战拉开了战幕。

2月21日，日军第6、7、8、12等四个师团主力纠集伪军共10余万人，配备坦克、铁甲车、山野炮、飞机等精良武器和运输汽车800余辆，以茂木、米山、川原部队为前锋，分三路向热河大举进攻。北路由通辽进犯开鲁，中路由义县攻朝阳，南路由绥中入凌源。

▲日军炮兵部队进攻热河

为迎击日军，中国军队也分三路迎战：北路开鲁、赤峰方面由孙殿英所率第四十一军、汤玉麟部崔兴武骑兵第17旅、冯占海第六十三军以及义勇军李海青、刘振东、邓文部防守；中路南岭、北票由汤玉麟部董福亭步兵第38旅及义勇军耿继周部防守；南路凌源、叶柏寿、平泉由万福麟部于兆麟独立第30旅、王永盛独立第29旅等防守，其他援军也在陆续调动。

日本在军事上部署入侵热河的同时，还在外交上与中国政府进行狡辩。2月23日，日本驻南京领事上村向中国外交部长罗文干递交了日本政府备忘录，其中写到："热河省内张（学良）军及其他反满军队之存在，不但与满洲国主权抵触，且与热省治安恢复不能两立。"还厚颜无耻道，此次日军攻热，乃因张军等留驻热省内，不得已而至此，其责任应由中国方面负担。并扬言，如果张学良等部以武力抵抗，则战局有可能延伸到华北方面。

2 月21 日晚，日军茂木旅团并伪军500 余人向开鲁大树营子义勇军猛袭，激战至22 日晨6 时，义勇军不敌，退出阵地。23 日，日伪军大举进攻开鲁，守军汤玉麟部第9 旅崔兴武部率全旅临阵脱逃。24 日，日军茂木旅团占领开鲁，热河北部重镇失于敌手。从2 月28 日开始，茂木骑兵旅团兵分左右两路纵队分别从朝阳、下洼出发，直取赤峰。3 月2 日，孙殿英部丁悖庭旅在日军的攻势下，弃守赤峰。热河又一重镇失守。

与此同时，日军第8 师团从20 日晚开始向北票推进。22 日，中国军队撤退，南岭陷落。23 日，汤玉麟部第38 旅主力213 团团长邵本良被日军收买，在前线投敌，日军占领北票。翌日，日军联合向朝阳挺进。当夜，朝阳城内守军向凌源撤走，董福亭旅有一营叛变，引敌进城，朝阳于25 日不战而陷入敌手。日军占领朝阳后，四处围剿抗日军民，疯狂镇压反日抗日运动。

3 月1 日，日军川原挺进队从朝阳出发，百余辆汽车连成一线，沿朝阳、凌源、平泉公路急速前进，途中遭到于兆麟第30 旅的顽强抵抗，后因力量不支撤退。20 日上午，日军占领叶柏寿，凌源亦于同一日被攻陷。于是朝阳、平泉、承德大道完全敞开，省城承德已无屏障可言。

热河守军节节败退，数十重镇均陷敌手。汤玉麟惊恐万状，无心抗敌，正作逃跑计划。汤玉麟置国家危难于不顾，从平津调集大批汽车，又将前方军用载重汽车240余辆全部扣留，向天津租界抢运财产。一些富商巨贾、军政眷属，也纷纷向北平逃难。整个承德弥漫着战败的空气，人心惶惶，乱作一团。张学良听闻汤玉麟在国运如此危急的情况下，非但不组织力量抗日救国，竟抢运个人财产，震怒异常，当场将车扣留，一律不准通过，不遵者军法从事。

在东北军溃退之际，唯有第116旅吕正操所部在长城外的青龙县境内，予来犯之敌以沉重打击，缴获了很多日军的旗帜、战刀、钢盔、机枪等战利品。

尽管张学良在各路部队慌忙撤退、败退之际，仍严令各部加强抵抗，但怎奈兵败如山倒，更何况各部守军又是自动弃守。张学良纵有回天之力，在此时也无可奈何，只能是眼睁睁地看着寸土寸地沦入敌手，热河失陷。

3月3日下午，汤玉麟在既无命令又无敌情的情况下，擅离承德，撤至察哈尔省。承德无守军，日军于4日上午兵不血刃进占承德。

▲日军进入承德

以“不抵抗”政策贯穿始终的蒋介石南京国民政府，除了派宋子文到前线视察、作了一番“决不放弃热河”的动员外，在物资上的支援就是发给热河守军每人短裤一条、雨伞一把，军械粮草一概没有。物资、兵力缺乏后援，不能不说是热河失陷的又一个重要因素。

日军在侵占承德之后，进犯长城线上的喜峰口、冷口和古北口等军事要地，揭开了长城抗战的序幕。

热河失陷，整个华北门户洞开，日军随时可以西进，攻占关内各省。

李顿调查团奉命东来

◎ 国联斡旋初告失败

国联是国际联盟的简称，又称国际联合，成立于 1920 年 1 月 10 日，总部设在日内瓦。国联虽号称“万国联合”，但到 1931 年，也只有六十三个国家参加该组织。当时的常任理事国有英、法、德、意、日五国，非常任理事国有中国、波兰等九国。苏联没有参加国联，美国虽然曾经是首倡国，但和英、法等国在争夺领导权上矛盾尖锐，所以也未加入，真正起作用的是五个常任理事国，领导权操纵在英、法两国手中。国联标榜促进国际合作，维护国际和平与安全，因此，九一八事变爆发后，中国政府由于蒋介石的“不抵抗”政策和自身的软弱无能，把制止日本侵略的希望完全寄托在国联的身上。

1931 年 9 月 19 日，南京国民政府接到张学良关于日军侵占沈阳的报告后，立即召开临时会议，由外交部电令出席国联理事会的中国代表施肇基，向国联报告日本入侵东北的情况，要求国联出面干涉，主持公道。9 月 20 日，南京政府再电驻国联中国代表，进一步说明日军占领沈阳、安东等地的情况。

9 月 21 日，中国代表施肇基根据南京政府电文，正式向国联递交声明书，揭露日本军队侵略中国的事实真相，控诉日军侵占沈阳、安东及其他各城市的暴行，请求国联立即采取有效措施制止日军的侵略行动，恢复事变前的状态，要求日本赔偿损失，并表示中国完全听命于国联。从此，调解中日争端一度成为国联活动的中心议题。

▲中国代表在国联演说

9 月22 日，国联理事会在中日双方均有代表参加的情况下组织讨论施肇基的请示。日本代表芳泽极力为日本侵略行为诡辩，宣称远东问题应排除第三国干涉，由中日直接交涉解决。结果，国联理事会在没有区分侵略者与被侵略者的情况下，对中日两国政府提出内容相同的“紧急警告”，要求两国立即撤兵，务须避免一切足以使“事变”扩大，或足以妨碍和平解决的行为。

南京国民政府视国联决议为制止日本侵略的最有效良药，所以一接到国联通牒，立即电复国联，重申一切听命于国联，已严饬中国军队不得与日军发生冲突。但是，屈辱妥协的南京国民政府对日本撤兵所抱的幻想却一点点在无情的现实中破灭了。

25 日，日本政府在给国联的复文中亦表示同意将军队撤退到“满铁”附属地内，还声称对中国东北并无领土野心。但其实际行动却与此相反，在“撤兵”的烟幕弹掩护下，进一步扩大军事行动，迅速出兵“北满”，侵占吉林、敦化、洮南一线。

国联轻信了日本的虚伪承诺，对中日双方就国联决议所作出的反应表示满意，而在实际上，这个决议对日本而言不过是一纸空文罢了。

由于中国代表施肇基就日本方面对国联决议阳奉阴违的事实再三申诉，请求国联再向日本施加压力，制止侵略蔓延。9 月 30 日，国联理事会在第一次会议结束之前，就日本撤兵问题专门作出九条决议，要求日军在 10 月 14 日前撤至南满铁路沿线，并对日本政府声明的所谓“无领土野心”表示肯定，还屈从日本要求，以中国方面要保护日本侨民生命财产为撤兵条件。这个决议不仅歪曲了九一八事变的性质，而且还为以后日本以侨民安全得不到保障而拒不撤兵、继续扩大军事行动提供了借口。事实也是如此，日军从 10 月起，开始向锦县、大凌河一带进攻，派飞机轰炸锦州，指挥汉奸张海鹏进攻黑龙江省。面对这种局势，南京国民政府虽一再训示施肇基，恳请国联敦促日本撤兵，并不断将日军的侵略活动报告给国联，但是国联仍然无所作为。日本侵略者还在一意孤行。

1931 年 10 月 13 日，国联理事会应中国政府的请求，提前召开审议“中日冲突”的第二次会议，其中心议题仍然是关于日本撤兵问题。10 月 23 日，国联理事会依据《国联盟约》第十一条和《非战公约》第二条，作出了七项决议，中心内容是限日本于 11 月 6 日以前撤兵。日本不同意对其撤兵日期作出规定，声称必须根据中国保护日侨的进展情况进行撤军。10 月 24 日，理事会以 13 票赞成，日本 1 票反对通过了理事会决议案。这个决议，日本非但公开拒绝接受，并且仍然遵照既定计划，动用兵力直接进攻黑龙江。束手无策的国联对“中日争端”采取的第三次行动也宣告失败。

随后，面对国土大片沦丧的南京国民政府，在无奈之下向国联提出在锦州设立中立区，由中立国英、美、意政府委派视察专员并军队驻守中立区，在十五日内监督日本撤兵。但因该方案严重损害了中国的民族利益，遭到中国人民的强烈反对，国联不得不放弃。

长达八十天的国联斡旋丝毫也没有能够阻止日本在中国东北的侵略行动，而中国东北的大片土地就在这种虚弱不堪的国际交涉中被日本侵略者鲸吞殆尽。

◎ 调查团在东北

中国驻国联代表施肇基向国联申诉日本军队侵占中国东北的土地，要求国联主持公道的同时，也曾建议组织国际代表团，前往中国东北，调查九一八事变的真相。但国联对于日本入侵中国东北态度暧昧，所以肆无忌惮的日本侵略者才得以在几个月之内连陷辽、吉、黑，占领东三省，甚至已着手筹建“新国家”。日本在事实上形成了对东北的侵占后，一反常态，同意国联派代表团来中国东北。

1931 年 11 月 21 日，国联大会通过了组织调查团的决议案，规定：该调查委员会不得过问中日两国政府的交涉，不得干涉双方军队的行动，仅就双方有争执之处写成调查报告，不追究责任。这就意味着调查委员会即使来到中国，也不会给人们一个“说法”，至少不会有一个公正的结论。

1932年1月21日，由英、美、法、德、意等五国组成的国联调查团正式成立，团长是曾任印度总督的英国人李顿，故也称李顿调查团。团员有四人：麦考易（美国）、克劳德（法国）、希尼（德国）、马克提（意大利）。中国驻国联代表顾维钧、日本驻土耳其大使吉田伊三郎为调查团“顾问”，随团活动的还有聘请的各国专家及工作人员，总人数不下50人。

▲施肇基（中）和顾维钧（左）、王宠惠在一起

1932年2月3日，李顿调查团从瑞士的日内瓦出发，令人费解的是，调查团并没有走近路赶往东北调查，而是登上先到美国纽约的轮船，然后转往东京访问日本当局，3月14日才到达上海，随后访问了南京国民政府。调查团还分别到杭州、武汉、九江、宜昌、重庆、北平等地游览了一遭，直到4月22日才到达沈阳，不知调查团是别有用心，还是无所用心。

对于国联调查团前往东北，日本政府当然不能无动于衷。在刚刚获知国联调查团东来的消息后，日本政府就指示关东军、关东厅、领事馆以及满铁等机构，就如何对付、接待和安排调查团活动等问题，制定出了详细的工作方针和工作计划。所以调查团一到沈阳，就被日方安排在满铁经营的大和旅馆，由日本特务日夜监视，未经日方允许不准任何人接近调查团。因此调查团就只有在日本侵略者的“指导”下，在他们划定的圈子里进行所谓的“调查”。

从调查团到达沈阳的第三天直到4月30日，李顿与本庄繁会晤了五次，还多次向关东军参谋三宅光治及伪辽宁省省长臧式毅等人调查有关九一八事变的情况，但得到的回答则是众口一词：满蒙需要日本，而日本也需要满蒙，日本对东北的行为绝不是侵略，日本人不干涉满洲国的内政，各机关的日本顾问都是应满洲人的请求安排的。

5月3日，调查团在长春会见了伪满洲国执政溥仪。调查团刚到东北时，板垣征四郎就勒令溥仪按照板垣规定的话回答国联代表的调查，即伪满洲国是独立自主的国家，日本决没有干涉，等等。李顿与溥仪的会见仅用了一刻钟左右的时间，据溥仪回忆说：“他们向我提出了两个问题：我是怎么到东北来的？满洲国是怎么建立起来的？在回答他们的问题之前，我脑子里闪过一个大概他们做梦也没想到的念头，我想起当年庄士敦曾向我说过，伦敦的大门是为我打开着的。如果我现在对李顿说，我是叫土肥原骗来又被板垣威吓着当上‘满洲国元首’的，我要求他们把我带到伦敦，他们肯不肯呢？我这个念头刚一闪过，就想起身边还坐着关东军的参谋长桥本虎之助和高参板垣征四郎。我不由向那青白脸瞄了一眼，然后老老实实地按照他预先嘱咐过的说：‘我是由于满洲民众的拥戴才来到满洲的，我的国家完全是自愿自主的……’”随后，李顿又问溥仪，为什么任命多数日本人为满洲国官吏？溥仪回答说：“日本人是讲义气协助这个国家，就如同美国独立时有法国人的帮助、希腊独立时英国诗人拜伦前去助战一样，我对于日本人只有感谢而已。”溥仪的侃侃而谈令板垣十分满意。“调查团走后，板垣的青白脸泛满了笑意，赞不绝口地说：‘执政阁下的风度好极了，讲话响亮极了。’”

▲溥仪与国联调查团会谈（前排左三为调查团团长李顿爵士）

5 月9 日，调查团赴哈尔滨调查九一八事变真相，重新打出抗日旗帜的马占山为揭露日军制造的伪满洲国阴谋，派王子馨和姜松年携带他的信函到哈尔滨面见李顿调查团，但因被日军得知消息，王子馨被杀害。李顿想同马占山亲自会谈，也被日方阻止。后来，李顿只好密派美国新闻记者米海斯和一名瑞士记者找到了马占山，与其“间接”会晤，了解真相。

不仅被调查的对象要受到日本方面的控制，就连调查团成员的活动也受到严密监视。中国代表顾维钧也受到关东军的严格限制，每到一处都只能待在旅馆，不准同团员一起出门，更不准会见中国人。正如中国代表顾维钧所说：“所经各地，看见同胞们想向我们讲话，但不敢谈；我们也想向他们谈话，但不能谈；因为皆是受着严厉的监视。”一位调查团的中国工作人员回忆道：“在我的房间门口，经常有两个日本侦探不分昼夜地监视我的动静。白天我在室内工作时，每隔两三小时，必有一个假扮服务员的日本侦探借故进来窥伺。当我和外边通电话时，我听见的机器声音，表明有人暗作记录。当我出门散步时，侦探必在我背后10米左右跟随，一刻不离。”这样的情景在《调查团报告书》中也有记载，其中写到：“搜集此项证据，颇多困难，对于调查团的特殊保护，就足以让一般的证人望风怯步。许多华人中，甚至有不敢与调查团团员会面的，以至于与各方面的调查谈话，实在不容易，非秘密约会不可。”

但是，东北各界广大爱国人士、爱国团体和普通的爱国民众，出于对日本帝国主义的憎恨和对祖国的热爱，还是冲破层层阻力，冒着极大危险，通过各种渠道和方式，同调查团接触，递交各种文件、书信和材料1500余件，为后来调查团形成对日本侵略行为作了一定程度的揭露的报告书，起了至关重要的作用。

调查团走后，许多人因为向调查团递交了反对日本侵略、揭露日军罪行的信件、请愿书等，遭到日伪当局的迫害。

◎ 国联调查无效而终

李顿调查团在中国东北活动了一个半月，于6月5日回到北平，开始整理调查材料。7月份，又与日本政府和南京国民政府交换了意见，随即开始起草调查报告。10月2日，关于“中日争端”问题的《国际联合会调查团报告书》（简称《国联调查报告书》或《李顿报告书》）在日内瓦和东京同时公布于众。

《李顿报告书》除“绪言”外，共分十章，十余万字。该报告书在事实和国际正义舆论面前，承认了中国对东北的主权等基本事实，揭露了日本发动九一八事变并扶植伪满傀儡政权的阴谋。报告书首先指出：东三省为中国之一部分，此为中国及列国共认之事实。在一切战争及独立时期，满洲仍然完全是中国领土，此为不可变易的事实。关于九一八事变，尽管中日双方所持“论点”完全不同，但是调查团得出的结论是：依据调查团所获知的种种事实，可知日方早有一种精心预备的计划，于1931年9月18日夜，以突然袭击方式付诸实施，而中国军队未作抵抗，故当日晚日军的军事行动，不能视为合法自卫。报告书揭穿了伪满政权为“民众拥戴”之说，确认该政权实为日本制造的傀儡。报告书指出，在1931年9月以前，满洲毫未闻有独立运动，其所以有运动者，乃日本军队在场所致也。调查团根据各方面所得证据，认为“满洲国”之构成虽有若干助成分子，但其最有利之两种分子，是日本军队在场和日本文武官吏的活动。以调查团的判断，若没有这两种因素，则“新国”决不能成立。所谓的“满洲国”政府，在当地中国人心目中，只是日本人的工具而已。

但是，囿于殖民主义者的偏见，《李顿报告书》不仅偏袒日本帝国主义，怂恿日本进攻苏联，而且污蔑中国人民反抗日本帝国主义侵略的斗争，诅咒中国革命，强调东北“赤化”对日本的威胁。尤其荒谬的是，报告书一面打着解决中日争端的旗子，反对日本独吞中国东北，一面则提出“国际共管”中国东北的方案，企图变中国为各帝国主义国家共同统治的殖民地。

《李顿报告书》不仅没有明确指出九一八事变是日本侵略中国东北的战争，而且把事变的原因栽赃到中国身上，指责中国社会政治不安定，内战不断，进步迟缓，以及排外宣传，造成了“本案发生时的特殊空气”。对日本在东北的“特殊权益”和所谓的“生命线”，表示同情与谅解。对于如何解决日军武装侵占中国东北的这种现状，《李顿报告书》认为，该地区如果既不能恢复到 1931 年 9 月以前的东北原状，又不能承认伪满政权的合法性，那么最妥善的办法就只有按照门户开放的原则，实行“国际共管”，即东北地方实行自治，由外国顾问会议商定其政治、军事、外交等政策。实际上，就是把东北变成日、英、法、美等帝国主义列强共同统治下的殖民地。

《李顿报告书》除了在事实面前不得不对九一八”事变作些客观的反映外，并没有解决“中日争端”的任何实质性的问题，它甚至连国联前一阶段作出的要求日本方面从中国领土撤军的决议都不曾提到，反而提出对中国东北实行“国际共管”的殖民主义方案。因此，《李顿报告书》一经公布，就遭到了中国政府和人民的谴责与反对。中国共产党指出：“报告书是帝国主义奴役中国民族的卖身契”，包庇了日本帝国主义对中国东北的侵略行径。对国联寄予厚望的南京国民政府也对《李顿报告书》的许多内容不满意，训令中国驻国联代表团，拒绝接受报告书中关于各国代表组成的“顾问会议”对东北实行“国际共管”的建议。而对于态度强硬的日本来说，不仅毫无作用，而且反对之声日高。日本外务、陆军、海军三省联席会议作出决定，对报告书的对策是：贯彻既定方针，不采姑息手段。

1933 年 2 月 24 日，国联大会以 42 票赞成，日本 1 票反对，泰国 1 票弃权，通过了十九国委员会根据《李顿报告书》起草的决议草案，明确指出，反对日本侵略中国东北，要求国联成员在法律和实际上拒绝承认伪满洲国，日本必须撤兵。日本代表松冈洋右对该草案极为不满，当即中途退出会场。

1933年3月27日，日本政府正式宣布退出国联。

至此，国联对于九一八事变以来的“中日争端”长达十八个月的调解活动，由于其自身的软弱与偏见，以及日本的阻挠、反对，最后以日本退出国联的结局宣告失败。

五色旗下的“乐土”

◎ 残酷的殖民统治

关东军在《满蒙自由国设立方案》中对建设“满洲独立国”的最终目的作如是说：“新国家”要超脱于中国无尽无休的军阀横征暴敛的内乱之外，减轻租税，维持治安，人民安居乐业，使之成为5000年来中国民众所渴望的理想乐土。但是这样漂亮的承诺抛出伊始就已经成为谎言，并且是极为荒谬的了。先不说其他，单就它无端地对另一个国度行使武力占领，还堂而皇之地在那里建立“新国家”，不就显得有些荒谬吗?所谓“王道乐土”“民族协和”都是日本帝国主义对中国东北人民实行残酷殖民统治的一种自欺欺人的说法。

伪满洲国从筹划到成立，无不是日本侵略者一手导演和制造的。1934年3月1日，溥仪从“满洲国执政”晋升为“满洲国皇帝”，但终究是一个傀儡，是日本人手中的工具。“关东军司令作为日本天皇的代理人，必须是皇帝的师傅和监护人”，可见这个满洲国的皇帝就是唯天皇及其代表之命是从的儿皇帝。除了在纸上写出他的权力外，他几乎毫无权力可言，甚至包括自由行动的权利。而伪满洲国政府各部大权也全部由日本人控制，日本内阁在《满洲国指导方针纲要》中明确规

▲日军在山海关附近竖立的伪“满洲国”界碑

定，对满洲国的指导，在关东军司令官兼帝国驻满大使的内部统辖下，主要通过日籍官吏进行。很显然，伪满洲国政府中的日籍官吏有权决定一切，以至于满洲国的最高统治者溥仪除了在文件上签名外，无事可做。伪满洲国省、县两级地方统治机构也同样由日本人掌握，日本帝国主义的侵略势力延伸到伪满政权的各个领域。据统计，“满洲国”官员共 2354 人，其中日本人有 571 人，占总人数的 24% 强。

为了维护殖民统治，日本还设置了严密的军警宪特机构，制定了严酷的法西斯法令。从 1932 年底开始，日伪颁布了《暂行惩治叛徒法》、《暂行惩治资匪法》、《治安警察法》和

《暂行枪炮取缔规则》等法令，并以此为“依据”，在各地制造恐怖事件，使东北成为一座真正的大集中营。1933 年 12 月 22 日，日伪公布《暂行保甲法》，规定每十户居民为一牌，村或相当于村的区域为一甲，甲上为保，各户之间实行“连坐法”，一户发现有抗日活动，其他各户都要受到惩罚。

为了剿灭抗日武装力量，日本在伪满洲国内还实行所谓的“治安肃正”，在维护内部治安的名义下，以“通匪”罪名杀害无辜。震惊世界的“平顶山惨案”就是日本“治安肃正”的典型事例。

1932 年 9 月 15 日晚，一支中国抗日武装力量袭击了盘踞在辽宁省抚顺市南 4 公里处平顶山村的日本侵占军。为了杀一儆百，驻抚顺日军决定血洗平顶山村。当天下午，日军就出动 200 人包围该村，以照相为名把全村人强行集中，然后用机关枪向他们疯狂扫射，最后放火烧村。在这场蓄意的大屠杀中，平顶山近 3000 名中国人全部遇难。日本侵略军制造的各类惨案在中国东北土地上到处上演着，令人目不忍睹、耳不忍闻。

▲事后发掘出来的惨死于平顶山的部分同胞遗骨

“集团部落”是日本侵略者对东北人民实行的又一项残忍的殖民统治措施。为了切断抗日武装力量同人民群众的联系，他们强迫老百姓离开家园，迁居到日军指定的地区，实行归屯并户，过着集中营的生活。原有的村庄房屋一律烧光，不愿迁移的人一律杀光，有用的财物一律抢光。1934 年阴历腊月二十七日，日军命令黑龙江省黑嘴子山屯人全部搬到湖南营。第二天，日军又闯进村子，先把全村各户财物洗劫一空，然后挨家挨户焚烧房子，结果全屯 27 户 32 所房子顷刻间全部化为灰烬。一位刘姓村民瘫痪在床上的母亲被活活烧死。

日军新建的“集团部落”四周筑有 3 米高、1 米宽的围墙，围墙外设有日军据守的炮楼。入居其中的中国百姓必须遵守日军的苛刻规定，出入“部落”的人马车辆都得搜查，不准结伙走路、谈话，夜里不许点灯和关门，等等。日本警察特务隔两天查户口，隔三天查夜，被迫入住的人们的生活根本得不到保障，因饥饿寒冻或疾病惨死其中的中国人难计其数。到 1936 年末，日军在东北共建立了 4400 多个“集团部落”，受害人口达 500 万人。

▲日本占领军施行的残酷、野蛮的集家并屯政策——集团部落

日伪实行“归屯并户”的结果是造成大量的“无人区”，致使土地荒芜，疾病流行，饿殍遍野。

日本殖民统治的强化，使东北人民反抗侵略的意志更加坚不可摧。

◎ 经济掠夺与统治

视中国东北为其“生命线”的日本，占领“满蒙”的最重要意义当然是在经济方面。起初是为了摆脱经济危机，“新国家”成立后，关东军“开发”东北的方针就成为：无论是在战时还是和平时期，都应以保证军需资源作为基本出发点，最大限度地利用当地资源，为日本帝国国民经济的发展作出贡献。1932 年 9 月 15 日，日本驻伪满大使武藤信义与伪满国务总理郑孝胥签订的《日满协定书》及一系列其他协议中，就把“满洲国”的铁道、港湾、水路、航空、矿业权等重要的经济、交通命脉全部掌握在日本人手里，使日本牢牢控制了伪满洲国的国民经济。

九一八事变后，日本关东军对东北大部分铁路实行军事占领、军事管制，然后操纵汉奸，拼凑傀儡政权，通过签订各种契约，委托满铁经营，夺取路权，从而垄断东北交通运输。柳条湖事件后，关东军在先后强占了北宁铁路营口站、沈海铁路抚顺站、吉长铁路吉林站、四洮铁路郑家屯站、打通铁路通辽站、北宁铁路巨流河站、吉敦铁路敦化站、洮昂铁路洮南站等，并对沈海铁路沈阳总站实行了军管。随着日本侵略的深入，在关东军的怂恿和支持下，满铁对东北境内的铁路实行了所谓的“接收”，即夺取其经营权。这些铁路主要包括沈海铁路（沈阳至海龙），奉山铁路（沈阳至山海关），吉林省的全部铁路，如吉海（吉林至海龙）、吉长（吉林至长春）、吉敦（吉林至敦化）、四洮（四平至洮南）等线，以及黑龙江省的全部铁路，有洮昂铁路（洮南至昂昂溪）、洮索铁路（洮安至怀远镇）、齐克铁路（齐齐哈尔至泰安）、呼海铁路（呼兰县至海伦）等。

▲南满洲铁道株式会社旧址

1931 年 10 月 23 日，实权都掌握在日本人手中的伪东北交通委员会正式成立，成为日本管理伪满交通、通信的重要机构。

日本帝国主义在霸占东北铁路的同时，还通过傀儡政权签订各种契约、协定，夺取东北港湾、水运、航空等管理权。1933 年 3 月 1 日，满铁在沈阳成立铁路总局，经营东北已建和新建铁路、港湾、水运及附属业务，日本完全霸占了东北的交通运输业。

日本在东北“开发”的主要目标是矿产资源，特别是煤和铁以及其他军用所必需的矿产。日本掠夺东北煤炭早在

1904—1905 年日俄战争期间就开始了，他们先后强占了抚顺煤矿和本溪煤矿。九一八事变后，日本又霸占了原属东北矿务局的复州、八道壕和西安煤矿等。开采抚顺油页岩也在九一八事变前就已开始了。鞍山、本溪一带的铁矿也在九一八事变前后被日本夺走。

▲正在抚顺露天煤矿作业的劳工

东北森林资源更早令日本垂涎欲滴。从 1905 年开始，日本就乘战乱之机擅入鸭绿江林区盗伐树木 10 万余株。以后更是得寸进尺，滥砍滥伐，大肆掠夺东北森林资源。伪满洲国建国后，东北大小林场 255 处全部由傀儡政权控制，实际上也就成了日本的囊中之物。

各地金融机构是日本关东军武力侵占东北时首要抢夺的目标，仅 1931 年 9 月 19 日一天内，关东军就在沈阳占领了东三省官银号和中国、交通、边业三家银行，在长春占领了吉林永衡官银号和东三省官银号、边业银行等的分支机构。21 日，占领吉林省城的永衡官银号。11 月19 日，占领齐齐哈尔黑龙江省官银号。这些银行、银号库存的金银、现款，全部被日军查封占有。1932 年6 月15 日，日本成立的满洲中央银行就是以上述被占领的东三省官银号和各地中国银行分支行的一部分资财作为资本的。满洲中央银行开张后的首项业务就是统一货币，它通过收兑旧币、管制黄金、封闭金店等办法，对东北人民进行了一次大搜刮、大洗劫。东北原有的金融机构被彻底改组，成为日本金融机构的从属物。

沦陷后的东北，农民所遭遇到的掠夺与盘剥是最为严重的。首先是农民赖以生存的土地被日本人以“商租”的名义强行没收或收买；其次是组织大批武装移民迁入东北，赶走当地的中国农民，强占土地；最后是招集朝鲜浪人霸占农田，致使东北农民无地耕作，流离失所。而那些有自己土地的农民则被日本帝国主义加在头上的名目繁多的苛捐杂税压迫着。除了农田税之外，甚至连养鸡、养狗、养猪、妇女剪发都要纳税。即使是丰收年，所得收入也还不够缴纳所有的税捐，造成“富人穷了，穷人更穷得不能生活了”的悲惨结局。

除此之外，鼓励中国人种植、吸食鸦片的毒化政策不仅成为日本削夺东北人民抗日意志的一种政治手段，而且也成为他们赚取不义之财的经济手段。日军侵入“满洲”的几个月后，整个被占领的地区就成为烟毒的世界，沈阳、哈尔滨、吉林各大城市几乎没有一条清净的街道，鸦片烟馆和毒品店触目皆是。日本人还发明了一个简单、有效的方法，凡是吸食吗啡、海洛因的穷人，只要轻轻敲门，门上的木洞就应声而开，吸食者只需将手臂伸入洞内，并随交两角大洋，就可以得到毒品注射。日本人在军品的掩护下，每年将价值成百上千万元的鸦片销往中国。在东北各地开设的毒物工厂每年也要生产出价值几千万元的毒品。日本人还强迫中国农民种植鸦片，“在主要铁路线附近，烟苗还不多，可是，离开了铁路线，就有无数的田地遍植罂粟”。日本在东北的毒化政策甚至使日本的军官都做了各种毒品的俘虏。日本关东军司令官武藤信义上任不久，就在一封密函中指出：“据最高军事当局所知，许多日本军官常赴毒场和烟窟，他们甚至吸食毒物。”

◎ 文化奴役

伪满洲国的任务，并非仅仅是为日本在中国东北地区进行政治压迫、经济剥削提供便利条件，而且还要使东北人民俯首帖耳，养成一种“日满一体的民族协和”的奴隶精神。因此，文化奴役政策便在伪满大行其道。

日本帝国主义在东北大力鼓吹日本大和民族是优秀人种，是“东方唯一的高文化”，伪满洲国是一个实行“王道政治”、建设“王道乐土”的独立新国家，宣传所谓“日满亲善”，模糊中国人民的民族意识。同时，他们还制造东北不属于中国，却与日本“密不可分”的谬论与谎言，甚至宣称东北地区的历史就是“满蒙人驱逐汉族”，维护其“住地”的历史，把他们的侵略活动说成是日本人以血的代价为满洲国的独立作出了“牺牲”。

伪满洲国傀儡政权刚刚建立，日本就在伪政府内设立了资政局弘报处，控制东北新闻、出版、广播、电影等宣传机构，大肆摧残中国的民族文化。1932 年 12 月初又建立了“满洲国通讯社”，垄断东北的新闻通讯机构与事业。1934 年 6 月 29 日，伪民政部发布通令，禁止关内的《大公报》《新闻报》《晨报》《申报》和苏联的《消息报》《真理报》进入东北。1935 年到 1938 年间，伪满洲国禁止发行报纸 7445 份，扣押 56091 份，有

2315份杂志不准发行，普通出版物3508册不得出版。

日本帝国主义除了严格限制报刊和图书的出版与发行，还利用电影为其宣传服务，制作一些为其侵略涂脂抹粉、污蔑中国人民抗日的影片，严禁放映对其不利的一切影片。小说、戏剧、音乐、美术等方面也无不被侵略者进行法西斯的统制，具有进步或反日倾向的文艺作品无一例外都被判处“死刑”，而那些泯灭和削弱中国人民民族意识和反抗思想的带有殖民主义色彩的作品则受到日本殖民者的推崇和宣扬。东北广大爱国知识分子和各种文艺团体，只要被日伪军警宪特发现有反日爱国行为，就会遭到逮捕和屠杀。

为了从根本上消除中国人民的民族意识，实行长久统治，日本开始在东北对中国人民进行奴化教育。

九一八事变后，关东军下令，占领区所有学校一律停办，封闭了原有的一切公立学校，30余所大专院校亦全部被关闭（到1933年，仅有两所大学恢复上课）。不久，殖民者重新组建了由日本人当校长、教导主任的“日满学校”，原来的教材和教学内容都被废止。

▲通化女子国高的学生们，由日本教官上“军训课”。

日本对于儿童和少年的“精神”麻醉更为注重。从1932年开始统制教育内容，三令五申地取缔原有的、站在三民主义立场的、有民族思想的教材，命令“凡有关党义教科书等，一律废止”。随之而来的就是在东北各地搜查、焚毁有关党义和国耻记载的书籍。同时命令各学校暂时以四书五经来代替公民、党义等课程。接着立即着手编印充满了关于“日满一体”“同文同种”“王道乐土”以及封建道德宣传的“国定教科书”。日本人编定的历史教科书伪造中国历史，地理教科书则擅改中国的疆域。日本帝国主义的唯一目的就是使中国学生不知道或忘记自己的祖国。

为了彻底灌输殖民地文化和使中国人民甘为日人奴隶的精神，日伪当局强行规定日语和汉语同为国语，但由于许多教材都以日文印成，并且由日本人用日语讲解，在实际教学中日语就占了主导地位。日伪当局声称，学习日本语的终极目的，就是理解日本精神。他们还强迫中国学生每天都朝向日本方向遥拜日本天皇和诵读天皇诏书，用这种办法培植学生的奴隶意识。

▲伪满洲国学生学习日语

各级学校的校长、教员，都由不少日本人充当，这些日籍教员就成为日伪当局在学校安插的特务和秘密稽查员，中国师生稍有不慎，就会遭到杀身之祸。日伪当局还经常在各学校举行大检举，借以封闭学校，捕杀无辜。对于中国教员要定期考察其“品行”、思想和信仰，若发现“异常”，轻则解雇、监禁，重则杀头。1935 年 9 月，通化日伪当局以当地师范学校校长参加教育界抗日救国会为由，逮捕了该校校长和全体中国教员，后来又波及安东省所属其他各县文教界，受株连而遭逮捕的有 80 余人，其中有 20 人在这场风波中惨遭杀害。

为了控制东北人民的反日抗日思想，日伪当局甚至颁布了专门的“思想法规”，如《治安矫正法》《思想矫正法》等，只要日伪军警认为某个中国人有“犯罪”的可能，就可以随意将其逮捕或杀害。据不完全统计，1932 年至 1940 年间，东北地区以“反满抗日”罪名被杀害的共有 6.7 万余人。

日本在东北实行奴化教育不外乎三方面的用意，首先是泯灭中国人民的民族意识，其次乃是为了消除对日本侵略者的仇恨心理，最后则是把他们直接变为奴性的国民。一句话，就是不仅把东北人民同化为日本人，而且必须是日本人的没有民族性、没有个性的奴才。

抗日烽火遍神州

◎ 全民共举抗日旗

九一八事变后，日本侵略者的铁蹄踏遍中国东北的土地。山河破碎，风雨飘摇，中华民族处于生死存亡的危急时刻。与南京国民政府“不抵抗”政策截然相反，中国共产党毅然举起抗日大旗。柳条湖事件发生的第二天，中共满洲省委就发表了《为日本帝国主义武装占领满洲宣言》。20 日，又发表了《为日本帝国主义武装占领满洲告全满朝鲜工人、农民、学生及劳苦大众书》。9 月 22 日，中共中央发表了《关于日本帝国主义强占满洲事变的决议》。此后，中共中央和苏维埃政府于 9 月25 日、30 日和 10 月 12 日又多次发表宣言和告全国民众书。这些宣言、决议和告民众书以大量确凿的事实揭露了日本帝国主义制造九一八事变、侵占中国领土、残害中国人民的滔天罪行。中共强调指出：日寇入侵“其鲜明的目的显然是掠夺中国，压迫中国工农革命，使中国完全变成它的殖民地。”同时，严厉谴责了蒋介石的南京国民政府的“不抵抗”政策，号召广大群众迅速组织起来罢工、罢课、罢市，提出了以武装民众的民族革命战争，反对日本帝国主义的侵略，保卫中国的独立、统一和领土完整的抗日救国主张。

中国共产党的号召在东北迅速引起反响，抗日的呼声响彻白山黑水。安东（今丹东）4500 多名工人首先举行大罢工，抗议日本的血腥侵略。哈尔滨还召开了大规模的抗日救国示威大会，爱国群众愤怒地袭击了日本驻哈领事馆。沈阳兵工厂的工人不肯替敌人生产屠杀自己同胞的武器，3 万多人纷纷离厂。吉海铁路工人炸桥梁、扒军车、撬铁轨，使日军运输线陷于瘫痪。大连码头、机车铁道的工人还组成“大连放火团”，专门焚烧日军军用物资，他们使用一种香皂型的固定定时爆燃火药，火力极强，连房顶的铁皮盖都被烧得如白纸一样在空中飘扬。“大连放火团”曾创下一个月内烧毁大连码头四个主要仓库的佳绩。

▲大连抗日放火团烧毁日军飞机的场景

进步人士阎宝航、卢广绩、高崇民、王化一、车向忱等，以及在北平的东北籍青年学生 400 余人，在旧刑部街 12 号的奉天剧场开会，成立了抗日救国组织“东北民众抗日救国会”。其宗旨是抵抗日本侵略，共谋收复失地，维护主权。救国会成立后，在宣传抗日和组织军事力量等方面展开了积极活动。他们还创办了《救国旬刊》、《复巢月刊》和《东北通讯》，专门登载东北的敌伪活动和义勇军抗战消息，收集抗日策略，团结抗日人士，唤醒民众的抗日觉悟。张学良还拨出很多枪械、弹药、被服和现款，以救国会的名义支持东北义勇军，通过发行爱国券的方式接济义勇军和弥补救国会的开支，在物质和精神上给予救国会以巨大的支持。

关内的各界人士的抗日浪潮也迅速掀起。自1931年9月19日起，北平、上海、南京、广州、武汉等地的工人、学生及市民纷纷举行游行示威，罢工、罢课、罢市，发表通电，抗议日本侵略东北的行径，要求南京国民政府放弃“不抵抗”方针，起而抗日。北平各界250多个团体20多万人参加抗日救国大会，呼吁国民政府对日宣战，收复失地。青年学生在这场声势浩大的抗日呼声中充当了先锋，9月27日，上海学生首先派出请愿团赴南京请愿。28日，南京各大专院校汇合上海学生请愿团共数千人，冒着倾盆大雨，涌向国民政府外交部前请愿示威，他们高呼“打倒日本帝国主义”“日本帝国主义从东北滚出去”等口号，慷慨激昂，爱国救国之心殷殷可鉴。愤怒的学生还直奔外交部长王正廷的办公室，谴责其外交无能，并将其打伤，捣毁其办公室，王正廷不得不引咎辞职。人们事后戏谑说：王正廷是名副其实地被人打下台的。

11月下旬，日军进攻锦州，国民政府向国联提出划锦州为中立区，中国军队退守山海关的建议。消息传来，全国哗然，群情激奋，各地学生请愿团立即改为示威团奔赴南京。12月17日，汇集在南京的北平、天津、上海、武汉、广州、济南、苏州、安庆等地的学生及南京市的学生3万多人，举行联合大示威。当学生示威队伍行至国民党中央日报社附近的珍珠桥时，遭到大批警察和宪兵的袭击，当场有30多名学生被打死，100多名学生被打伤，制造了骇人听闻的“珍珠桥惨案”。

惨案发生后，全国人民激起了更大的愤慨，强烈谴责国民政府的恶劣行径。上海为悼念珍珠桥死难烈士，举行了轰动全市的抬棺大游行。

除了东北的工人阶级以罢工、示威等形式反抗日本侵略外，关内各地的广大工人群众也在如火如荼的抗日救亡运动中发挥了重要作用。1931 年 9 月 24 日，上海市 3.5 万码头工人举行了反日大罢工，拒绝为日本船只装卸货物。接着，上海日商纱厂工人酝酿同盟总罢工，纷纷退厂，不替日本资本家做工，还成立了上海日商纱厂工人抗日救国会。9 月26 日，上海 100 多个工会和各界群众数万人，举行了抗日救亡大会和声势浩大的示威游行。9 月底，北平邮电工人组织了抗日救国会和邮电工人义勇军。10 月中旬，北平工界抗日救国会成立，发表通电，强烈要求政府出兵抗日，并作出了组织义勇军和募集爱国捐款等项决定。天津、广州、南京、武汉、青岛、太原、芜湖、长沙、重庆、桂林、汕头以及许多偏远城市的工人也纷纷走上街头，以向政府请愿，举行抗日宣传，征募爱国捐款，禁售日货等形式，开展抗日救国活动。香港的中国工人也在九一八事变后不断举行抗日示威，还多次与阻止示威的英国军警作斗争。

妇女界也在这场抗日大潮中行动起来了。上海 800 余个妇女团体的 2000 余人召开大会，组成妇女救国大联盟，举办救护训练班、妇女救护队等，开赴前线参加救护工作。南京妇女界组织中华国民救国女子军，三天内签名参加者即达 1300 多人。张学良夫人于凤至等人发起组织华北妇女救国会，支持抗战。著名的民主爱国人士何香凝发起组织的华侨青年救护队，直接参加了锦西前线的救护工作。

一向超然物外的宗教界僧侣也高擎抗日义旗。北平法源寺的僧人、中国佛教会等通令各省市佛教会转告各寺院僧侣，呼吁共赴国难，节约费用，犒劳前方将士。穆斯林发起组织伊斯兰学友会，发表抗日宣言。

民族资产阶级、国民党左派及部分军政人员也都在这场民族危亡的紧迫局势下，与全国人民一道，积极投入到了抗日救亡运动中来，表现了中华儿女同仇敌忾的民族精神和爱国热情。

◎ 东北军民的武装抗日

在九一八事变前，东北军广大爱国官兵就对日本帝国主义的蚕食侵略深表愤慨，曾经与之多次发生冲突。所以，柳条湖事件后，虽然蒋介石政府命令东北军“绝对不抵抗”，但是仍然有部分爱国官兵为抗击侵略，拒绝执行国民政府“不抵抗”的命令，演出了一幕幕令人荡气回肠、气贯长虹的抗日救国壮举。

日本帝国主义在侵略辽宁、吉林得手之后，即进逼黑龙江省，形势异常危急。东北军黑河警备司令兼步兵第 3 旅旅长马占山受命代理省主席兼军事总指挥，奋起领导江桥抗战。

1931 年 11 月 2 日，马占山等接到日军表示将“行使武力”的最后通牒后，决心固守阵地，坚决打击来犯之敌。11 月 4 日，4000 余名日军向嫩江桥中国守军发起大规模进攻，中国守军奋起还击，日军攻势受挫。5 日，中国守军抱着“与城偕亡”的决心，与日伪军血战江桥畔，再次将敌击得溃不成军。据日方统计，在这次战斗中，日军被打死 167 人，伤百余人，伪军死伤共 700 余人。6 日，日军改变进攻阵容，自为前锋，伪军殿后，从天上、地面向中国军队发起猛攻。中国军队以满腔的爱国热忱拼命抵抗，前仆后继，不为所屈。日军遭到入侵以来的一次空前损失，滨本步兵联队几乎全部被歼，高波骑兵队也死伤殆尽。中国守军也付出了600余名官兵伤亡的惨重代价，守军疲惫不堪。为了保存实力，马占山将主力部队撤至距江桥50华里的三间房阵地。

从8日开始，江桥抗战进入最为艰苦的阶段。在江桥受到重创的日军，经过补充和几天的休整后，从11月12日起又开始向中国守军阵地轮番进行大规模进攻。17日，日军出动7000人左右，在百余门大炮和10余架飞机的掩护下，向守军阵地猛扑过来，而中国守军仅有4000余人，此役成为整个嫩江桥抗战中最为残酷的一仗。但中国守军同仇敌忾，英勇异常，防守官兵击退了日军连续十余次的冲锋。骑兵第1旅4团炮兵庞振海向敌人连续发炮80余发，突然炮筒炸裂，他竟徒手赤足冲入敌阵，口中连喊杀声不绝，令敌寇心惊胆寒。一整天的厮杀，中国守军粒米滴水未进，弹药也将告罄，在这种情况下，日军于18日凌晨以装甲车攻入三间房。筋疲力尽的中国守军被日军机关枪队的猛烈火力截为数段，损伤惨重，相互难以为援。18日夜，马占山率守军退到齐齐哈尔，19日退至海伦。自11月4日开始的江桥血战，历时十六天，至此结束。

江桥抗战在国内外引起了巨大震动，赢得了全国人民的热情赞誉和大力支持。全国各地纷纷汇款给马占山的守军，贺电如雪片飞来，各大报刊也以显著位置报道江桥抗战实况，热情赞颂爱国官兵的悲壮之举。甚至连英国《每日邮报》和上海的美国《密勒氏评论报》记者也采访了马占山，对其顽强抗日的壮举大加赞赏，马占山成了现代史上中华民族抗日战争的第一位民族英雄。

继马占山领导的江桥抗战之后，哈尔滨保卫战成为中国军队抗击日军的又一壮举。日本关东军在1932年1月攻下锦州和齐齐哈尔之后，挥兵直指北满，企图一举攻下北满重镇哈尔滨。以李杜、冯占海、邢占清等为首的东北爱国官兵在松江畔，又谱写了一曲响彻云霄的抗日颂歌。1931年10月，“吉林省剿匪总司令”汉奸于琛澄为了配合日军进攻哈尔滨，派刘宝麟旅进驻通往哈尔滨的门户双城以东十里铺附近，被驻守在双城并早有作战准备的东北军第22旅官兵，在旅长赵毅的率领下，一举击溃，缴获大小枪支五六百支，俘获敌官兵700余人。

▲李杜将军率部向哈尔滨挺进

▲冯占海部急行军赴哈尔滨御敌

日军得知刘部被歼，恼羞成怒，决定直接出兵。1932年1月30日半夜，日军抵达双城堡车站。这时早已得到消息的赵毅部悄悄将车站包围，从三面猛烈进攻措手不及的日军，并与敌人展开了白刃战。日军被打得乱作一团，有的钻到火车下躲藏，有的抱头鼠窜。这场奇袭毙敌200余人。日军慨叹这是自江桥战役之后遭受最重的一次打击。

2月2日，日军以绝对优势兵力向东北军反扑，赵毅部伤亡惨重，20余名军官殉国，士兵伤亡约六七百人。赵毅不得不率兵退向哈尔滨，双城失守，哈尔滨门户洞开。

2月4日拂晓，日军向哈尔滨发起了总攻击。敌人在飞机掩护、坦克、装甲车开路的情况下，骑、步兵双管齐下，展开进攻。李杜等将领亲临前线指挥作战，抗战官兵英勇抵御。但由于日军强兵压境，又以飞机作掩护，凡中国守军密集处均遭轰炸。2月5日下午，东北军被迫全线撤退，哈尔滨保卫战失败，李杜等人率部转入长期抗战。

九一八事变后，处于国破家亡境地的东北人民组织了各种抗日武装，如义勇军、游击队、红枪会、大刀会、山林队等，坚持抗击日本侵略者数年，其中尤以东北抗日义勇军给日本侵略者的打击最重。

抗日义勇军在辽宁地区兴起最早，发展较快，斗争也极为活跃。辽西地区黄显声领导的东北民众自卫义勇军组建于1931年12月，约有6万余人。他们在绥中、北镇、黑山、新民、沈阳沿北宁路一带分部行动，四处出击，使日军惶惶不安，终日疲于奔命。1932年1月9日，日军混成第38旅骑兵27团团长古贺传太郎中校亲率日军在锦州县城西一带“扫荡”，遭到早已获知情报的黄显声义勇军的突然袭击，被打得人仰马翻。古贺中弹而死，仅十余人逃回县城。下午，日军由锦州返回给养队，行至钱塔子屯岭下时，又受到义勇军的阻击和围歼。这两次战斗，共击毙日军60余名。古贺之死被日本人称为“是满洲事变以来最大的悲惨事件”。

▲辽西义勇军老梯子队在阵地上抵抗日军进攻

辽南邓铁梅领导的“东北民众自卫军”是辽南地区义勇军中最出色的一支队伍。九一八事变前，邓铁梅为牡丹江警察分署署长。柳条湖事件发生后，他抱定不能俯首甘当亡国奴的决心，联络近200名抗日志士，于1931年10月组成东北民众义勇军，被推举为司令。由于邓铁梅在凤城、岫岩一带声望卓著，响应者络绎不绝，不到一个月，队伍即发展到1700—1800人。同年11月22日，邓铁梅率部攻打凤城县城，捣毁伪县公署、警察局，砸开监狱，放出100余名爱国抗日志士，并全歼守城日伪军，缴获迫击炮两门、机枪三挺、步枪400余支，取得凤城战斗大捷。自卫军在成立不足五个月间，共与敌人进行大小战斗近百次，队伍发展到1.5万人。安奉路沿线的辽东三角地带内，凤城、岫岩之间方圆几百里地区，基本被邓部义勇军控制，人们亲切地称这里为“抗区”。

邓铁梅也因此被日本关东军视为眼中钉，他们先用招抚手段欲消化这支令他们胆战心惊的抗日队伍，但未得逞。后便动用大部兵力对辽东三角区轮番“讨伐扫荡”，最后终于将邓铁梅抓获，杀害在狱中。这位被称作“为救国而捐躯的民族英雄”牺牲时年仅 43 岁。

白山黑水之间英雄儿女们的抗日武装在辽宁省还有唐聚五领导的“辽宁民众自卫军”、李纯华任总指挥的“东北民众抗日救国军”、王凤阁任司令的“辽宁民众义勇军”、由蒙汉两族人民共同组成的“东北抗日军蒙边骑队”等数支队伍。吉林地区的义勇军兴起较晚，但颇为集中，很有战斗力，主要有李杜、丁超、赵毅、冯占海等人组织的“吉林自卫军”、王德林领导的“吉林国民救国军”，以及吉西抗日军、吉林人民抗日自卫军、抗日鲜人联合会等。黑龙江省义勇军主力多由东北军旧部的爱国官兵组成，主要有东北民众救国军、黑龙江救国军等。

东北抗日义勇军发扬了中华民族不屈不挠的斗争精神，激发了全国人民的爱国热情，有力地打击了日本帝国主义的侵略气焰，大量歼灭了敌人的有生力量。历史功绩不可没。

战火燃烧的东北，使整个民族觉醒了。他们以钢铁般坚强的意志和前仆后继的血肉之躯，筑起了一道攻不垮、摧不烂的钢铁长城，保卫祖国，守住家园，直到把日本侵略者赶出中国，取得最后的胜利。